千に一つの奇跡をつかめ！

Seize
your miraculous
chance in a
thousand now!

千本倖生
Sachio Semmoto

サンマーク出版

千に一つの奇跡をつかめ！　目次

プロローグ——命が輝く生き方をしよう

第1章 ゼロからイチを生み出す力

第2章

苦難は栄光の呼び水

第3章 最初に飛び込むペンギンとなれ

第4章　利他の心で生かされ生きる

ブックデザイン　井上新八
編集協力　鷗来堂
本文組版　朝日メディア
構成　大隅光彦
編集　斎藤竜哉（サンマーク出版）

プロローグ

命が輝く生き方をしよう

豊かな時代なのに、なぜ幸福を感じられないのか

いまあなたは、この時代をどのような思いで生き、日々をどんな気持ちで過ごしているでしょうか。

現代は表立っては何不自由ない、豊かで幸せな時代のように思われます。

もちろん、生活していくなかで、不自由さを感じたり不満や不安を抱く場面も多々あるでしょう。

けれども、日本が戦後の貧しさから這《は》い上がったばかりの時代を知っている私の世代からすれば、さしあたっての生活に困ることもなく、明日の糧を心配することもない、ある面では天国のような時代といえなくもありません。

しかし、物や環境が豊かになったぶん、私たちは心から幸福になったといえるでしょうか。真の意味での〝豊かさ〟を手に入れているでしょうか。

仕事や社会活動を通じて社会としっかり対峙しているという手応え、あるいは本当の自分を生きているという実感はあるでしょうか。

もしこの問いに対してどこかモヤモヤした思いを抱いているとしたら、本書でこれから語ることは、あなたにとって何らかのヒントになるかもしれません。

なぜなら、私もまた、かつてそうしたモヤモヤした思いを抱えて生きていた一人だったからです。


京都大学で電子工学を学んだ私が就職先に選んだのは日本電信電話公社、いわゆる電電公社（現・ＮＴＴ）でした。

当時の電電公社といえば日本の通信業界を独占しているマンモス企業。三十万人を超える社員・職員を擁し、就職してしまえば一生安泰だといわれたものです。

仕事もそれなりにおもしろく、充実した日々を送っていましたが、入社して半年くらいするとどこかもの足りない気持ちも出てきて、「このままでいいのか」という迷いと戸惑いが生じてきました。

そんな私の背中を押してくれたのは、アメリカ留学でした。有名なフルブライト基金の交換留学の試験を受けてみたところ合格し、就職してわずか半年でアメリカに渡ることになったのです。

くわしくは後述しますが、留学先のアメリカで感じたチャレンジ精神、フロンティア（開拓）マインドは、当時私が勤めていた大企業の土壌にはないものでした。

それから十数年ののち、京セラの創業者である稲盛和夫さんとの出会いを機に、私はライバルとなる新会社設立に参画、電電公社を飛び出し、新しい世界に飛び立っていくことになります。

その新会社こそ、創業当時は第二電電と呼ばれ、のちにＤＤＩから現在のＫＤＤＩへと大きく成長、発展していった通信会社です。

誰の人生にも飛躍のチャンスは三度ある

どんな人の人生にも、少なくとも三回の大きなチャンスがあると私は考えています。もちろん就職や結婚、転職といった人生の転機というものもあるでしょうが、そうした通過儀礼的な節目とはべつに、大きな変化や飛躍につながる決断や行動の機会というものが誰の人生にも三度は訪れる。そう考えているのです。

私自身もこれまでの人生において、自分を大きな成長に導く方向に舵《かじ》を切る機会に何度か恵まれました。

稲盛さんとともにDDIを創業し、それをNTTのライバル会社にまで育てた経験は間違いなく、私にとっての大きな人生の転機でした。

それから十二年後、私はDDIを離れ、しばし大学で教鞭《きょうべん》を執ったあと、数年後に新しいベンチャー企業を立ち上げることになります。インターネットのプロバイダーに通信回線を提供するＩＰ事業を行う「イー・アクセス」という会社です。
当時、アメリカで勃興したインターネットという超ド級といっていい革命的なイノベーションの登場と普及を目の当たりにして、私のなかにしばらく眠っていたアントレプレナーの血が騒ぎ出したのです。

イー・アクセスの創業もまた、私にとっては人生を大きく変える出来事でした。こうして立ち上げたイー・アクセスは携帯電話の普及とともに、モバイル会社であるイー・モバイルの設立へとつながり、二〇一三年にその会社を孫正義さん率いるソフトバンクに売却するまで、私はインターネット、携帯電話という業界に身を置くことになったのです。

イー・アクセスの売却後、私は生き馬の目を抜くビジネスの世界を離れ、しばしおだやかな時間を過ごすことができました。しかし、やがてまた私のなかでふつふつと「起業家」の血が騒ぎ出します。

私にもたらされた新たなテーマは「地球環境」、そして再生可能エネルギーでした。

かつて大学で教鞭を執っていたときに、教え子の一人が提案した「再生可能エネルギー事業」に私がビジネスモデルをアドバイスして、ベンチャー企業を起こしたことがありました。

あるとき、その会社の取締役が再生可能エネルギーの普及に意欲を燃やす若い起業家を紹介してくれました。

彼の事業に賭ける強い思いや情熱に感銘を受けた私は、彼の立ち上げた電力事業会社レノバに経営陣の一人として加わることにしたのです。

最初は社外取締役での参加でしたが、その後、会長の職を引き受けて、本格的に経営に関わることになりました。

地球と地域のために再生可能エネルギーを日本に根づかせるべく、奔走することになったのです。

「千に一つの奇跡」をつかみ、命を輝かせる

いま、こうして自分の人生を振り返り、歩んできた道をたどってみると、それはまさに奇跡の連続だったように思います。

第二電電の立ち上げに参画したときは、時代は規制緩和という大きな流れのなかで、電電公社の一社独占だった通信業界に風穴があき、民間企業の参入が可能になった時期でした。

まさに、そのような「百年に一度」の大きな風が吹いたときに、私は当の独占企業である電電公社に勤めながら、民間のライバル会社ができないと通信業界の未来はないという危機感をもっていた。

あとから考えれば、大きな時代の転換期にその渦中にいられたことは、まさに奇跡というべきことでした。

イー・アクセスを立ち上げたときも、アメリカではインターネットの普及が急速に進み、常時接続で料金も安いサービスを提供する会社が次々と現れるなか、日本ではまだダイヤルアップといって電話回線を使ってインターネットを接続する状態。料金が高止まりして、自由にいくらでもインターネットを接続できるしくみはありませんでした。

なんとか日本のインターネット環境を世界レベルに追いつくぐらいに高めたい――ここでもまさに、時代の大きな風が吹き、これまで通信業界に深く関わってきた自分の「ベンチャー魂」がむくむくと頭をもたげたのです。

そんな大きな変革の時代に居合わせたのも奇跡なら、そこにぽっかりと空いた穴を埋めるように、自分の経験や実績、興味関心と問題意識がぴったり合致したのも、奇跡です。

しかし、何もそれは私の人生だけに起こったことではありません。どんな人の人生にもかたちは違えど、その人にふさわしい「千に一つの奇跡」が訪れる瞬間があるのではないかと思います。

そのチャンスがきたときに、しっかりとつかみとることができるか。そしてその流れのなかに勇気をもって飛び込むことができるか。それがまさに人生の分かれ道で、与えられた命が輝く生き方ができるかどうかが問われてくるのです。

人との出会いもまた、天の導きによる奇跡

そして、もう一つ。人生における大きな奇跡といえば、「人との出会い」です。

私が起業というチャレンジを続けてこられたのも、人生の節々において力になってくださり、ともに歩み、導いてくださる人との出会いがあったからです。

そうした自分にとって大切な人との出会いを振り返るとき、まるで神様が演出してくれたように、完璧なタイミングでそれらがもたらされていることに気づきます。まさに「千に一つの奇跡」だったということを実感するのです。

二〇二二年八月、私は稲盛和夫さんの訃報に接しました。そのニュースを知ったとき、私はしばし呆然《ぼうぜん》として、何も考えることができませんでした。

稲盛さんは私の人生を一八十度大転換させてくださった人でした。あれほど強く、深い愛をもって未熟な私を身体全体で叱ってくださる人はいませんでした。

人生最大の師がこの世を去ったことは、私にとって究極の悲しみをもたらす出来事でした。

そして四十年ほど前、ＤＤＩの立ち上げという大きな仕事をご一緒したときのさまざまな場面が、胸のなかにあざやかによみがえってきました。

一九八三年の夏頃のこと。当時、電電公社・近畿地区の技術調査部長の職にあった私は、どこかに講演に呼ばれるたびに、電電公社の独占体制が続く日本の情報通信産業を憂う発言をしていました。

このままでは世界に立ち遅れてしまう、フェアな競争環境をつくり出すために、電電公社を民営化するのはもちろん、公社に対抗できる民間の通信会社を新しく立ち上げる必要がある、と説いてまわっていたのです。

そんな私の話をいち早く評価してくれたのが、当時大阪商工会議所の会頭を務めておられたサントリー社長の佐治敬三さんでした。

とてもおもしろく刺激的な内容なので、もっといろいろな人に聴いてもらったほうがいいと、京都の商工会議所の会頭になったばかりのワコール創業者の塚本幸一さんを紹介してくれたのです。

塚本さんからはすぐに電話をいただき、京都の若手の経営者を集めるので、ぜひ話をしてほしいとのこと。

当日、会場には塚本さんの他、村田製作所や立石電機（現・オムロン）といった京都の有力企業のトップたちが二、三十人ほど顔をそろえていました。

講演を終えたあと、その経営者のなかの一人がつかつかと講壇まで寄ってきて、「たいへん興味深いお話でした」と声をかけてきました。

「これから情報通信業界に大きな変化の波が押し寄せてくるとのことですが、それは具体的に、日本の企業にどんなインパクトを与えるとお考えですか」

その長身の紳士はそう静かに問われました。私は思わず身を乗り出して答えました。

「大きな変化が起きるときは、大きなビジネスチャンスが生まれるときでもあります。そのチャンスは京セラのようなハイテク企業とも無縁のものではないはずです」

それが、稲盛さんとの最初の出会いでした。そんな挨拶程度の立ち話だったのですが、このファーストコンタクトが私の運命を大きく変えることになりました。

あとで聞けば、稲盛さんはご自分で講演はされても、人の講演を聴くことはめったにされないとのこと。しかも、その日は体調もあまりすぐれなかったのですが、なぜか話だけでも聴いてみようかと思い立ち、出かけてきたとのことでした。

一方、私も京都での講演依頼をいただいたときに、正直にいえば京都まで出向くのはおっくうだなという気持ちがありました。しかし、せっかくお声をかけていただいたのだから、と承諾することにしたのです。

もし稲盛さんがその日、体調が思わしくないからと私の講演を聴きにこなかったら、あるいは私が面倒くさがって京都での講演の話を断っていたら、二人が出会うことはなかったでしょう。

そう考えると、一見偶然に思える出会いでも、すべてがそうなるべく準備されていたように思えてなりません。稲盛さんとの出会いもまた、何か大きなものに引き寄せられるような恩寵《おんちょう》的な邂逅《かいこう》であったと思うのです。

情熱で口説いた「民間の電話会社」設立の野望

「稲盛さん、電電公社に対抗できる民間の電話会社をつくりませんか」

京都の商工会議所での最初の出会いから数カ月後、私は稲盛さんを前に、そう話を切り出しました。大阪のあるホテルのコーヒーラウンジでのことです。

稲盛さんにはそれまでも何度かお会いする機会に恵まれましたが、さまざまな話を交わすうちに、私はすっかり稲盛和夫という経営者に魅了されてしまいました。

公社のような官業にはまったく見られない効率性や合理性を重視したユニークな経営手法、現場を見据えるしたたかな経営眼、将来を見通すビビッドな経営感覚、さらに、深い精神性にもとづく確固たる経営思想……。

民間の通信会社をつくるという「野望」を現実のものにしたいのなら、行動をともにするパートナーはこの人以外にはいない――私は早くもそう確信して、そのプランを稲盛さんに打ちあける機会を、虎視眈々《たんたん》とうかがっていました。

チャンスは意外に早くやってきました。大阪のホテルで地元企業の展示会が開かれ、そこに京セラも出展するということでお声をかけていただき、私は会場のホテルに出向くことになったのです。ひととおり展示を拝見したあとで、私は稲盛さんをホテルのコーヒーラウンジに連れ出し、直談判《じかだんぱん》に臨みました。

唐突な申し出に、稲盛さんはかなりびっくりされたようでした。

「民間の電話会社をつくるって、そんなことができるの?」

それが、稲盛さんの最初の反応でした。

「やろうと思えば、できます」

私はまずそう断言して、テーブルにあったメモ用紙をとると、そこに「東京」「大阪」と書いて、その二つの都市間を太い線で結びました。

「この間に自前のネットワークを引くのです」

それから、何枚かのメモ用紙に図も使いながら、長く胸に温めてきて、もはや発酵寸前になっている事業プランを示し、稲盛さんに説明していきました。稲盛さんの顔がしだいに紅潮していくのがわかりました。

それが新しい事業の可能性を鋭敏に予感した興奮によるものであることを察知して、私も内心大きな手応えを感じていました。

「事業のしくみは私がつくります。けれども一つの会社をつくる資金力、民間の企業を立ち上げ、運営していく経営力が私にはありません。その二つを稲盛さんに担っていただきたいのです。私も勉強します。教えてください」

私の説明が終わっても、稲盛さんは言葉を発しないまま、じっと考え込んでいる様子でしたが、やがて現実的な質問を一つ、ぽつりと口にしました。

「費用はどれくらいを見込んでいる？」

「そうですね。東京から大阪に専用回線を引くのに、およそ三百億円。それも含めた当初の投資として、二、三年でざっと一千億円は必要だと思います」

このとき、稲盛さんが小さなため息をもらしたのを私はよく覚えています。

その日は、「しばらく時間がほしい」という稲盛さんの言葉を最後に私たちは別れました。

翌日から私は、合格発表を待つ受験生のような気持ちで諾否の連絡を待つことになりました。氏の反応の様子からかなりの手応えは感じていましたが、七割方は無理だろうなというのが正直な気持ちでした。

しかし、一カ月ほどのちに稲盛さんからもらった答えは、「腹を決めた。やりましょう」というものでした。私が期待していた以上の、ひじょうに力強い意思の表明でした。

こうして私は絶対に沈まないといわれていた電電公社という巨大な船を離れ、手漕《こ》ぎの小さな舟で荒れ狂う海に飛び込むような冒険に身を投じることになったのです。

人生の大飛躍「クオンタムリープ」は誰にも起こる

量子力学の世界に「クオンタムリープ（量子的飛躍）」という言葉があります。

物質を形づくっている原子を分解すると、電子や中性子や陽子といったさらに小さな単位に分かれます。それらを総称したものが量子ですが、この量子は不思議なことに粒子と波（波動）の性質を併せもっています。

いわば、粒子という固定的な状態と波動という流動的な「現象」の間を行ったり来たりしているのですが、ふだんは定常的な連続状態で起こっているその変化が、あるときポンと非連続的、かつ飛躍的に起きることがある。これがクオンタムリープです。

つまり、ふつうは考えられないような大きな飛躍が起こり、信じられない出来事が起きたり、見たこともない風景が目の前に現れたりするということ。これは、いろんな場面にもあてはまるでしょう。

ビジネスの世界にあてはめるなら、段階を経ながら少しずつ伸びていく事業や技術が、あるとき突然ジャンプするように、めざましい成長をとげる。また個人の人生でいうなら、何かをきっかけに飛躍的な成長をとげる瞬間があるということになるでしょう。

実際、世界の多くの企業家やリーダーたちを対象にしたアンケートで、「あなたがいちばん成長したのはどんなときでしたか」という質問をしたところ、次の二つの要因に回答が集中したそうです。

一つは、大きな苦難に遭遇したときで、経営する会社が倒産の危機にあったとか大きなプロジェクトに失敗したといったピンチにおちいり、それを必死でくぐり抜けたことによって会社も経営者も大きな成長をしたというケース。

個人でいえば、肉親や親しい人を亡くしたとか地震や大雨などで自宅が壊れてしまったなど、生きていくうえでの危機や苦難にさらされた体験、あるいは、その苦境を乗り越えた体験によって、いっきにめざましい成長をとげた例などがそれに相当します。

もう一つは、未知の体験をしたときです。いままでにない新しい局面や環境に置かれたとき、たとえば就職や転職などで未経験の分野にチャレンジすることによって、やはり人生における大飛躍が起こるケースです。

苦難と未知。この二つの環境や局面が、飛躍的成長の原点、もしくは結節点となって、人は職業人としても人間としても驚くような大成長をとげていくわけです。

稲盛氏との出会いと、ともに歩みを進めたＤＤＩ設立という大事業は私にとってはもちろんのこと、稲盛さんにとっても、また日本の通信業界全体にとっても、大きな飛躍――クオンタムリープのきっかけとなる劇的なものだったといってよいでしょう。

そしてまさにその条件が示しているように、そのスタートは未知なる世界へのチャレンジであり、そのプロセスは苦難と逆境の連続でした。

電電公社に対抗する通信会社をつくろうなどという話は当初、とんでもない愚挙、暴挙としか思われておらず、ほとんどの人から「絶対に失敗する」「電電公社に反旗をひるがえすなんて、とんでもないやつだ」などと、ボロクソに批判されました。

しかし、その声が高まれば高まるほど、私のなかに燃えあがる情熱の火はさらに勢いを増していきました。自分でも驚くほどの熱意と気概をもって、この大事業に取り組むことができたのです。

さまざまな苦難や未知の体験だったがゆえに、それが私を以前よりもずっと強く、大きく成長させてくれ、私をクオンタムリープへと導く契機ともなってくれたのです。

このように、自分に課せられたミッションを果たすために為すべきことを懸命に為していればクオンタムリープ——すなわち大きな飛躍の瞬間が訪れるのです。

人生を生きていく過程で、あるいは仕事をしている過程で、人はさまざまな苦難に出合います。しかし、その苦難や逆境に負けずに、あきらめることなく力を尽くしていれば、それは必ず成長や成功の道へとつながっていきます。

未知なる世界への挑戦を続けることが飛躍を生む

クオンタムリープを起こす条件の二つ目として挙げた「未知なる挑戦」をするということ——これも本書で私が強調したいテーマの一つです。

それは、リスクを恐れず、新しい分野に挑戦することであり、まさに「ベンチャースピリット」といいかえてもいいでしょう。飛躍的な成長、あるいは心や魂の向上には、ベンチャースピリットがきわめて大切なのです。

このチャレンジ精神は昔の日本人がもっていて、いまの日本人が失って（忘れて）しまった重要な特性の一つといってもいいでしょう。

たとえば企業経営の世界でも、かつては本田宗一郎さんや盛田昭夫さん、あるいは稲盛さんといった旺盛なベンチャースピリットにあふれた気鋭の経営者たちが多く輩出されました。

いまは経済低迷の時代が長く続いたせいもあってか、そうした進取の精神が希薄になってしまったように思えます。

未知の分野でこれまでにない新しい製品や技術やサービスを生み出そう――そんな気概にあふれた人が少なくなってしまったようにも感じられます。

かつてチャレンジ精神に富んだ経営者の草分けといえば、誰しもが「経営の神様」松下幸之助の名を挙げるでしょうが、私は電電公社に勤めていた時代、幸運なことに、その松下さんと何度かお会いする機会がありました。

私は外部の人間としては、松下翁の謦咳《けいがい》に接することのできた最後の人間に属するかもしれません。

当時の私は技術調査部長として大阪に転任し、電話や電信などの通信ネットワークをデジタル統合する新技術であるＩＮＳを広く世間に知ってもらう「伝道師」の役目を果たしていた時期でした。

ちょうどその頃、大阪の経済界が主催する大きなイベントの会長に松下翁に就いてもらおうという話がもちあがり、私がその依頼役を引き受けて、大阪・門真市にある松下電器（現・パナソニック）の本社を訪ねた。それが、松下さんとの最初の出会いでした。

松下翁はすでに九十歳に近い年齢で、経営の一線は退かれていたものの相談役の肩書きをもち、病身でありながら病院から本社へ通う日々を送っていたようです。

いつも執務をしておられるという相談役室に通されましたが、夏のことでエアコンが快適に効いた室内が和風に美しくしつらえられていたことが記憶に残っています。

ご本人と挨拶を交わしてすぐ、本題である会長就任の依頼をしたところ、松下さんは思いのほかあっさりと承諾してくれ、こちらの用事はあっというまにすんでしまいました。

しかし、その後、松下さんのほうから水を向けられるかたちで、びっくりするくらい話が弾んだのです。

いわく、ＩＮＳとは何か、そのネットワーク変革の新時代には何が起こるのか、企業はどんな影響を受けるか、そのなかで松下電器の経営や事業はどうすべきか。そんなことを矢つぎばやに質問され、私が一つひとつ答えていくと、それにもじっくりと耳を傾けてくれました。

そこには、これからの松下の経営をどのように変えていったらいいのか、どんな方向へ事業を進めていったらいいのかという危機感に似た問題意識もあったのでしょう。応答の間は柔和な顔が別人のように引き締まって、背筋もピンと伸び、眼光は猛禽《もうきん》類のようにするどく輝いていました。

そのため話を交わす間、私にはつねに気圧《けお》される感じがぬぐえませんでした。

とりわけ驚かされたのは、こちらの話を聞く松下さんの熱心な姿勢でした。九十歳という年齢にもかかわらず、何からでも一生懸命学ぼうとする「謙虚な貪欲さ」とでもいうべき真摯な思いがはっきりとにじみ出ていたのです。

親子以上に年の離れた私がまるで先生で、松下さんのほうが生徒のように、若い私から多くのことを学び、新しい知識を吸収しようとする貪欲な姿勢を見せられました。それに私は感銘を受け、圧倒もされました。人が学ぶことに年齢は関係ないんだとつくづく思い知らされたのです。

私はその後もじきじきに呼び出しを受けて、何度か松下さんとお話をする機会がありましたが、そのたびに前向きに積極的に学ぼうとする熱意、いくつになっても現状に甘んじず新しい知識を吸収しようとする進取の精神、そういったものを松下さんから見せてもらいました。

私が語るＩＮＳという新しい通信技術に強い興味をもたれたのも、その知識を学ぶことはもちろん、「あと少し若かったら、私も――」というチャレンジ精神がご自分のなかで消えることなく燃えていたからに違いありません。

稲盛さんとともにＤＤＩをつくろうとしたとき、松下さんから一通の封書をもらいましたが、そこには「私がもう少し若ければ指導も協力も惜しまない」という一節が書かれていました。

その文面から、九十歳の松下翁のなかに、ベンチャースピリットが失われることなく息づいているのを感じました。

私は心から敬服し、自分もそうでありたいと強く願いました。そして、この松下翁との出会いと短い交流が、ＤＤＩ起業への大きな起爆剤ともなったのです。

私はどこへでも出かけ、誰とでも会い、会った人から学ぶことを、いまでも絶えず心がけていますが、それもまた、あのときの松下翁の姿勢から強い影響を受けていることは間違いありません。

できることから懸命に努めよ、それが魂を美しくする

先にも述べたとおり、私の人生はまさに「千に一つ」の奇跡の連続でした。それは何も私が特別な人間だったからではありません。むしろ、私は特に何もすぐれた能力をもたない、ごく平凡な人間にすぎません。

そんな私が時代の波を感じ、そのなかで自分にできることを始めてみたところ、偶然とは思えないすばらしい人たちとの出会いに恵まれ、奇跡のような出来事をいくつも経験することができたのです。

奇跡は、どんな人の人生にも起こりうるものです。「クオンタムリープ」は誰にでも起こすことができるのです。

それでは、人生の大飛躍、クオンタムリープを起こすにはどうすればよいか。やってきたチャンスをつかんで、大飛躍するためには何が必要なのか。

私が四十年の起業家人生から得たその要諦とは、
1．自分のミッション（使命）に目覚め、
2．自分にしかできない「何か」を生み出し、
3．世のため、人のために尽くす
という三つに集約されます。

といって、何か特別に偉大なことや立派なことを為せといっているのではありません。生活や仕事の周囲の身近なこと、平凡なこと、当たり前のことに全力を尽くし、そこで自分に要求され、必要とされている役割をしっかり果たすことです。

そのような、小さいけれども揺るぎない努力、ささやかな心がけの積み重ねこそが何よりも大切で、それこそが「命を輝かせる生き方」そのものだといえます。

そして、時代のなかで自分に求められている「ミッション」を知り、自分ができうることをつかむためには、大きく「世界を知る」「世界を歩いて自分の目で見る」こ

とがきわめて大切なことでもあります。

私は公社入社直後の二十代にアメリカに数年間留学したり、ヨーロッパでも電気通信に関する国際会議に何度も出席したりと、世界の通信業界の状況をこの目で見てきた経験があります。

とりわけアメリカ留学中に肌で感じた、自由で健全な競争のなかから新しいイノベーションが次々に生まれてくる、かの国のダイナミズムは、私の保守的になりがちな思考や行動の原理を一新してくれる、新鮮で衝撃的な体験でした。

世界に広く目を向けることは、閉鎖的な社会のなかにいる人には見えない大きな時代潮流をつかむことや、世界を動かしている人や企業の息遣いを感じることにもつながります。

だからこそ、そのなかでの自分の立ち位置となしうること、ミッションが見えてくるのです。

心と魂を磨いていくことこそ、人生の目的である

いつものゆるやかで段階的な成長曲線をポンと飛び越えて、天の高みへと引き上げられるような跳躍的な成長の瞬間――そういった〝クオンタムリープ〟には宇宙の何か大きな意思が働いているようにも思えます。

自分の意思で行っていながら、人知を超える何かに背中を押されている、そして、その偉大な何かに魂が直接触れている。そんな感覚があるのです。

ですから、クオンタムリープの瞬間というのは、自らの意思を働かせるというよりはむしろ、赤ん坊のような〝無邪気〟な心で物事に熱中しているとき、他のことに気を散らさず無我夢中で没頭しているときに起こるものなのかもしれません。

無邪気とは私心のない状態のことであり、自分のことよりも他人のことを思い、他人のために何かを為そうとする思い、つまり「利他」にも通じる心です。

利益をたくさん出してやろうとか、お金持ちになってやろうといった私利私欲から離れて、無邪気、無心の思いで一心に集中している状態。それがそのまま利他の心につながり、そのよき心に天が応えて、私たちは飛躍的な成長をとげることができるのでしょう。

したがって、ダイナミックに人生を飛躍させることとは、「心を磨く」生き方へと通じていきます。さらに、心の奥には、「魂」があります。

心がさまざまな意識や感情、欲望などが宿る場所であるのに対し、魂はその心や精神の働きをつかさどるものであり、力や英知のみなもと、よりどころともなる超越的な存在と考えられます。生命が尽きれば心は消えますが、魂は消えずに時空を超えて残るといわれています。

人間の命はふつう成長期をピークとして、死へ向けてしだいに衰えていきます。幼年、少年、青年、壮年、中年、老年。そんなふうに命の四季を経ながら、だんだんと老化の曲線を描いていく。この流れを逆転させることは誰にもできません。

しかし、そのなかで一つだけ、老いや衰えを免れるのが「心」です。

体は老いたとしても、心は日に日に新たに生まれ変わらせることが可能です。逆に、若くして老人のように心が朽ちてしまう人もいます。青春とは心のありようだという言葉がありますが、まさにそのとおりだと思います。

したがって、人間にとっては心、さらには、その心の奥にある「魂」を曇らせないよう磨くことがきわめて大切になってきます。

魂がきれいに磨かれることによって、心のありようが善の方向に変わり、私たちの人間性も高まっていくのです。

たとえおんぼろの服に身を包んでいたとしても、内面の心魂がダイヤモンドのようにキラキラ輝いている、すばらしい人格の持ち主もいれば、きらびやかな宝石で外面を飾っていても、魂が汚れたり濁ったりしているために、心は貧しいままの人もいます。

人間の盛運と衰運の分かれ目もおそらく、この魂の美醜の違いから生まれてくるのに違いありません。

ですから、私たちはできるだけ美しい心魂をもった人間になるために、それを怠らず磨く必要があります。魂が輝くような生き方に努めることが大切で、それが私たちの成長や成功にとっても欠かせない条件となるのです。

魂を磨くなどというと、高僧が悟りの境地へたどりつくために厳しい修行に耐えるような、何かたいそうなこと、難しいことに聞こえるかもしれませんが、そうではありません。

日々心を整え、行いを正しくすること。毎日を充実して生きるために必要な心がけ、マインドセットといってもよいでしょう。

なかでももっとも大切なのが「感謝」です。人生で起こるすべてのことに心からありがたいと思い、他の人への感謝を伝え、形にして施す。

そんな美しい、清らかな心のありようが私たちの内面を豊かにし、魂を磨くことにもまっすぐ通じていくのです。

本書でいう「千に一つの奇跡」は、何も大きな事を為したり、世の中に名を残すような大事業をするという意味だけではありません。

実は、私たちが「いま生きている」こと、すでに存在していること、それ自体が何にも代えがたい「千に一つの奇跡」に他なりません。

いいえ、千に一つどころか、生物が誕生するというのは、一億円の宝くじが百万回連続で当たるのと同じ確率だというたとえもあるぐらいです。

すでに自分の存在が奇跡だと知り、それを感じることができたら、この命をどのように輝かせ、世のため人のためにこの命をどう生かすかということに、おのずと目が向いていくに違いありません。

　本書がみなさんにとって、命を輝かせる生き方へのささやかなヒントになれば、この上ない喜びです。

第1章

ゼロからイチを生み出す力

巨大企業のトップに新会社設立を直談判

いまをさかのぼること四十年ほど前、大阪の伊丹空港で、私はある一人の人物の到着を待っていました。

その人物とは当時、初の民間出身の総裁として日本電信電話公社（現・NTT、以下電電公社）のトップを務めていた真藤恒氏です。

そのときの私は、その電電公社に籍を置く課長職の社員にすぎませんでした。当時の電電公社といえば、社員三十万人という巨大組織。その頂点に立つ真藤氏は、一社員から見れば雲の上の人で、本来私ごときが簡単に会えるわけはありません。

しかし私には、どうしても真藤氏に直接会って、伝えなければいけないことがあったのです。

何かよい手はないものかと思案していたとき、たまたま真藤氏が講演の仕事で大阪を訪れ、その日のうちに本社のある東京へ戻ることを知りました。偶然にもその日は、当時大阪勤務だった私が東京へ出張する予定の日でもあったのです。

「千載一遇のチャンスだ！」——私はすぐに氏が乗るのと同じ飛行機に搭乗の予約を入れました。

早目にチェックインした空港の待合室で、私はかなりの緊張を感じながら氏の到着を待ち受けました。総裁の移動には秘書役が必ず随行することになっていて、このときに随行していたSさんとは、以前から面識がありました。そのS秘書役は当然、真藤氏のとなりの席に座るはずです。

そこで、やがて姿を現したSさんに駆け寄り、私は総裁にどうしてもお伝えしたい話があるので、申し訳ないが、飛行中の席を代わってくれないかと頼み込みました。

ありがたいことに、Sさんはしばらく黙考されたあとで、「いいでしょう」と快諾してくれたのです。

機内に入り、私は突然のぶしつけを詫《わ》び、簡単な自己紹介をすませると真藤氏の横に座りました。秘書が座るべき隣席に、顔も知らない社員がいきなり割り込んできたのだから、真藤氏もさぞかし驚いたことと思います。無礼を叱責されても仕方のない場面です。

しかし、氏は一瞬、いぶかしそうな表情を浮かべたものの、悠然たる態度を崩さず、飛行機が離陸するのを待ってから、「何か私に話があるのか」と落ち着いた口調で話しかけてきてくれました。

氏がおだやかな表情で耳を傾けているのを確かめつつ、私は真剣をサヤから抜くような気持ちで、もっとも肝心な一言を口にしました。

「実は、私は公社を辞めて、その競争相手となる会社をつくろうと思っています」

その瞬間、氏はするどい視線を私の顔に向けました。そして「君が?」と疑わしそうにつぶやきましたが、私が本気であると悟ったのでしょう、こう問い返してきました。

「一人で、ではないだろう?」

「はい」

「誰とやるつもりなんだ」

「京セラという会社をご存じですか?　そこの稲盛さんと一緒にやるつもりです」

その名を聞いて、氏はけわしい顔をふっと緩めたように見えました。

「そうか、稲盛くんとやるのか——。彼と組むのなら、うまくいくかもしれないな」

そして、しばしの沈黙のあと、真藤氏はこういったのです。

「私は電電公社の総裁という立場にある以上、ライバル会社をつくることに賛成とはいえない。しかし、君がそこまで通信業界の将来を考えて、稲盛くんとともにやるというのなら、君の行動を黙認する」

その頃の私は、当然ながら社内で猛反発に遭っていました。裏切り者呼ばわりされるだけでなく、公社の上層部から呼び出されて、君の退職は絶対認めない、それでも辞めるというのなら、新会社が立ちゆかないようにしてやるといった恫喝《どうかつ》まがいの言葉で叱咤《しった》されることも一度や二度ではなかったのです。

そんな状況のなかでの直談判だったので、真藤氏からも叱責を受けることをなかば覚悟していました。

しかし真藤氏は、市場には競争が必要不可欠で、それがないところには進歩も発展もないことを私以上によく理解しておられたのでしょう。

立場上、「よし、やってみろ」とは口に出せないものの、黙認というかたちで私の挑戦の正当性を認めてくれ、暗黙のうちにも「がんばれよ」と共鳴やエールを送ってくれたと私には感じられました。

ふところの深い氏のそんな姿勢に私は深い感謝と感銘の念を覚え、「ありがとうございます」とふかぶかと頭を下げました。

あの変革期に真藤氏が総裁にならなければ、また、氏の進取的な洞察力に富んだ民営化論に刺激を受けなければ、「競争相手をつくろう」という私の野心的な意思や意図は胸の底にしまわれたままであったでしょう。

同じように、氏の「黙認」を得られなかったのなら、やはり私は新しい通信会社の設立には躊躇《ちゅうちょ》したまま踏みきれなかったかもしれません。

そういう意味でも、真藤恒氏という人物は、それまでとは異なる新しく広い人生に向けて私の背中を押してくれた恩人ともいうべき人でした。

真藤氏は、私たちが第二電電を創業したのち、ある困難に直面したときにも、競争相手という垣根を越えて、さりげなく助け舟を出してくれました。

その話はまたのちほどくわしく述べるとして、私が人生においてコペルニクス的大転換をするにあたって、静かにあたたかく背中を押してくださったのが真藤氏だったのです。

飛行機の中での「ゲリラ的直談判」によって電電公社総裁の真藤氏の言質を得たその翌日、私は二十年近く勤めた電電公社に辞表を提出しました。

こうして私は、定年まで勤めれば生涯安泰といわれていた当時の巨大企業だった電電公社を飛び出し、第二電電の設立に向けて、新しい出発をすることになったのです。

健全な競争のためにライバル会社の必要性を説く

その当時、わが国の通信業界を取りまく状況は大きな変革期にありました。

一九八〇年代の初頭、中曽根康弘政権は行財政改革を主目的とする臨時行政調査会を設置。朝食のおかずはいつもメザシだというエピソードでその質素で堅実な人柄が広く知られていた土光敏夫さんが会長を務めた、いわゆる土光臨調です。

ここで提言されたのが日本国有鉄道（国鉄）、日本専売公社、そして日本電信電話公社の三公社の民営化でした。

これを受けて、私の所属していた電電公社内部にも改革への胎動が兆して、通信業界全体に自由化の波が押し寄せる時代が幕を開けたのです。

この黎明《れいめい》期に、公社の内部改革のリーダーシップをとり、あわせて公社民営化の必要性をしきりに説いておられたのが、当時総裁の座にあった、真藤氏でした。

その企業体質を官業に特有の尊大な「殿様商売」から、お客様重視の経営へと変えるべく腕を振るっていたのです。

当時の通信業界は電電公社による一社独占の市場であり、少しも競争原理が働かないいびつな状態にありました。競争がない市場というのは流れのないよどんだ貯水池のようなもので、そこにはいろいろな弊害が生まれてきます。そのあおりを受けるのはいつもユーザーです。

一例を挙げれば、当時のわが国の市外電話料金は異常に高いものでした。世界的な水準から見ても、何十倍というレベルの高額な価格が維持されており、それはひとえに競争相手が不在の一社独占体制が原因となっていました。

「高いなあ」と利用者が不満を覚えても、ほかに選択肢はありませんから、公社が決めた唯一の料金に従って電話を使わざるを得ない。いまでは考えられないことですが、当時はその「不健全さ」が当たり前だったのです。

また、当時を知る人ならご記憶にあると思いますが、家に（固定）電話を一台引くだけでも、やはり高い保証金をとられるなど、国営企業が市場を支配することの弊害が、特に弊害とも意識されずにまかり通っていました。

そんなゆがんだ状態を突き崩して、お客様本位のサービスを実現するには、官業である公社の民営化が前提条件であることはいうまでもありません。

しかし、公社の硬直的な体質や組織メカニズムを内部で熟知していた私には、たんに公社がNTTへと民営化されるだけでは、おそらく一社君臨の支配体制はそのままもちこされて、お客様の利便性やサービスの向上には役に立たないであろうことも、料金もけっして安くはならないことも、明白であるように思えました。

公社の体質改善や民営化は不可欠ですが、そこからさらに一歩踏み込んで、公社に対抗しうる、純粋な民間資本の競争会社が必要ではないかと思うようになっていきました。

「公平で健全な競争の実現のために、どうしてもライバル会社の存在が必要になる」

それは当時としては時代にさきがけた、ちょっと進みすぎた考えでしたが、私はその考えを公社の中でも臆せず公言するようになっていきました。

あたかも天動説全盛の時代に、一人地動説を唱えるようなものです。周囲から異端者や反乱者呼ばわりされるのも無理はなく、理解者もいなくて当然だったかもしれません。

しかし、そんな状況だったからこそ自分でも制御できないほど内圧が高まって、私は公社を辞める一年半くらい前から、「新しい会社をつくりたい、つくらなければならない」という独り言を口ぐせのようにつぶやくのが習慣となっていました。

ほかに誰も手を上げないのなら、私自身が率先して会社をつくるべきだ。それが「(世界を) 見てきた者の義務」ではないか。そんなふうにも考えるようになったのです。

いまでいうベンチャースピリットやアントレプレナーシップ (起業家精神) が私のなかで生きもののようにうごめき出していました。

ベンチャー精神を目覚めさせたルームメイトの一言

そもそも私自身がベンチャー精神の大切さに目覚め、アントレプレナーシップの萌《ほう》芽《が》ともなった最初の大きな出来事は、先に述べたとおり、電電公社に入社してすぐアメリカに留学したことでした。

電電公社に入社した私は、それなりに充実した毎日を送っていましたが、半年ほど経った頃から「このままでいいのか」という迷いが生じてきた。

そんな矢先、アメリカとの教育交流プログラムであるフルブライト留学制度の存在を知り、さほど明確な目的意識もないまま資格試験を受け、運よく合格してしまったのです。

上司に報告すると、「前例がない」という理由から、私の留学を認めるべきかが問題になりました。

もし許可が出ないのなら、私は公社を辞めるつもりでいましたが、幸い上層部に理解のある人がいて、「そんな変わり者が一人くらいいてもいいだろう」ということでOKが出たのです（こんなことからも、当時から私は組織の異端児だったことがわかります）。

そんなわけで一九六七年、私は晴れてフルブライトの交換留学生として、フロリダ大学の大学院へ留学。アメリカの地を初めて踏みました。

院生用の学生寮に住むことになり、二人部屋のルームメイトとも初対面の挨拶を交わした数日後、小さな〝事件〟が起きたのです。

そのルームメイトは法学部で学ぶ白人学生で、彼は私が社会人であることを知って、「サチオは日本のなんていう企業からやってきたんだ?」とさりげなく尋ねてきました。

私はやや誇らしい気持ちで、「電電公社といって、日本の電気通信事業を独占する唯一最大の電話会社から来た」と答えました。

その「華麗な」バックグラウンドを、彼が「そいつはすごいな」とほめてくれるのではないかという期待を内心ひそかに抱いていたような気がします。しかし意外にも、彼は一言、「damn!」という言葉を罵倒するように吐き捨てただけでした。

これは――いわゆるfour letter wordと呼ばれる――人前で使うのがはばかられる汚い言葉で、当時、南部あたりでは禁句とされていたスラングです（いまではほとんど解禁状態ですが、それでも汚い言葉には変わりありません）。

そんな言葉を、牧師の息子で朝晩の祈りを欠かさない熱心なクリスチャンの、日頃の生活態度も紳士的で性格も真面目なルームメイトが、なぜ私に向かって唐突にぶつけてきたのか。

私はショックを受け、その真意を測りかねて呆然としました。しかし、それから半年くらいアメリカでの生活を続けるうちに、やっとその意味がわかってきました。

所属先の大きさを自慢げに語る私の〝安定志向〟に対する彼の軽蔑。そこには、アメリカの開拓時代から続く、旺盛な独立心と未知へのチャレンジ精神といった、建国以来の歴史に裏づけられたアメリカ人の進取的な生き方、価値観が強く作用していたのです。

そんな彼らの目から見たら、国の庇護《ひご》を受ける安定した独占企業など、誇るどころかむしろ軽蔑に値するものでした。

大組織に依存し、長いものに巻かれて生きることなど、彼らにとってはもっとも尊敬できない、犬にでも食わせたい唾棄すべき生き方だったのです。

安定を求めて大企業に入り、その環境のなかで自足していた当時の私にとって、それは自分の価値観を根底からくつがえされる強烈な出来事でした。そしてそのことが私が電電公社を飛び出して、ＤＤＩをつくるきっかけともなったのです。

この事件を境に、私のなかにはその「チャレンジこそ善、安定や現状維持は悪である」という思いが、徐々に深く根を張っていくことになりました。

アメリカで尊重される「連続起業家」というあり方

ルームメイトが発した罵りの言葉は、私の安定志向への強い嫌悪を示していましたが、そのことはとりもなおさず、彼らがその安定志向とは正反対の果敢なチャレンジ精神に最高の価値を置いているということでもあります。

日本人は優秀な人材ほど大企業への就職を希望するが、アメリカ人は優秀な人間ほど独立起業をめざすといわれます。

また、仕事の内容を問われると、日本人はまっさきに所属する会社や部署の名をいうが、アメリカ人は自分自身が何をしているかを答えるといいます。

つまり、彼らアメリカ人は自立心や独立志向に富んでいて、依存をきらい、安定よりもチャレンジを選び、現状維持よりも変化や変革を求める傾向が強い。

リスクテイクについてもアメリカ人は果敢ですが、日本人は総じて臆病です。そこから安定は停滞であり、現状維持は後退であるという進取の精神も生まれてくるのでしょう。
だから、かつて西部開拓時代に危険を承知で西へ西へと未開の地を開拓していったように、彼らは自分の道は自分の手で切りひらき、自分の城は自分で築くことに大きな意義や価値を見出《いだ》します。

当然、ビジネスや仕事においても、既存の企業に身を置くよりも、自分の会社をゼロから立ち上げて、成長させていくベンチャースピリットを重視する。
また、成功を得ても、そこに安住せず、次のステージに向けて挑戦を続ける。自分で大きくした会社を惜しげもなく売却して、次にはまた異なる分野で新しい挑戦をくり返す、いわゆる「serial entrepreneur（連続起業家）」がアメリカに絶えず現れてくるのは、そのためです。

連続起業家という言葉は日本ではあまりなじみがありませんが、アメリカではもっとも尊敬される生き方で、「彼は連続起業家だ」などと紹介されると拍手喝采で迎えられる。そういう文化や価値観がビジネス分野のみならず、かの国には広く根づいています。

組織を頼らず、自分の力でゼロからイチを生む創造性や進取性に最大の価値を置くのがアメリカ人のビジネスや仕事の特長であり、生き方の流儀でもあるのです。

ルームメイトに罵倒されたのをきっかけに、都合数年におよぶアメリカでの留学生活中に、私はこうした価値観を肌で感じることになりました。留学の目的は電子工学でドクターの資格をとることにありましたが、私にとってそれよりもはるかに大きな意味をもったのは、この新しい価値観への目覚めでした。

そのアメリカ的価値観がよく発揮された、一つの象徴的な〝事件〟を紹介しておきましょう。

私が留学した当時、アメリカの通信業界はあのグラハム・ベルが設立したＡＴ＆Ｔという民間の通信大手企業の独占状態にありました。その堅牢《けんろう》な牙城が崩されたのは、たった一人の先駆者の手によってでした。

それがマックゴーワンという敏腕弁護士で、AT&Tによる独占体制の不公平さにかねがね疑問や不満を抱いていた彼があるとき法律を仔細《しさい》に調べてみると、「AT&T以外の者がサービスを提供してはいけない」という条文がどこにも書かれていないことに気づきます。

つまり、AT&Tの独占状態には法的根拠がなく、他社が同じサービスを提供することもまったく禁止されていない。

「それならば――」と、彼は自らMCIというライバル会社を新しく立ち上げて、さっさと電話回線まで敷設し始めてしまったのです。

むろん、AT&Tも反撃に出たため、MCIの行為の正当性をめぐって一大論争が巻き起こりましたが、これに終止符を打ったのも、やはりある一人の人物でした。

ワシントン連邦地裁のグリーンという判事が、「ＭＣＩのサービスは合法である」という、マックゴーワンの問題提起に正義のお墨つきを与える画期的な判決を下したのです。

彼ら二人の勇気ある行動と気概に満ちた判断が起こしたこのイノベーションは、破壊的ともいえるもので、これを契機に百年近く続いた独占市場は崩壊して、ＡＴ＆Ｔも分割され、アメリカの通信業界において地殻変動ともいうべき大競争時代が幕を開けることになりました。

その結果、市場は活性化し、飛躍的な成長をとげて、電話料金も劇的に安くなっていきました。やや大げさにいえば、恐竜を絶滅させた隕石《いんせき》に匹敵するほどのゲームチェンジぶりで、ちょうど私たち第二電電が日本でやったことのアメリカでの先駆例といえましょう。

そうした大変革が個人の手によって起こされたのは驚くべきことです。その背景にはあきらかに、組織に依存せず、ゼロからイチを生み出す先見性と創造力に最大の価値を置く独立精神やベンチャースピリットと、独占を排斥すべき悪だと考え、自由で健全な競争状態を善とするフェアネス（公平さ）を何にもまして尊ぶ価値観やメンタリティがあります。

アメリカ人の国民性として根づいているこうした特質が、この通信改革の大きなトリガーとなったのは間違いないことでしょう。

アメリカという国に、社会を、そして世界を変えてしまうような大きなイノベーションがしばしば起こるのも、同じ理由からだと思います。

みずみずしい経営感覚をもった「先の見える」人

私は日本人がこのゼロイチの精神を失ったときから、一人当たりのＧＤＰで韓国に抜かれるような経済の長い低迷が始まったのだと思っています。現状維持に満足し、安住する〝ゆでガエル状態〟におちいり、挑戦する気概をいつしか忘れてしまった。そのために、いまに続く日本の衰退が深く静かに進行することになったのです。

かつてわが国は、ベンチャー精神に富んだゼロイチ型の経営者をたくさん輩出してきました。

松下幸之助さんや本田宗一郎さん、盛田昭夫さんといった先駆者たちが、自らスタートアップさせた会社を世界的規模にまで成長させ、戦後から高度成長時代を経て平成にいたるまで、時代を牽《けん》引する経済的活力を日本にもたらしてくれたのです。

稲盛和夫さんも間違いなくその最高峰の一人で、ベンチャースピリットにあふれる傑出した経営者でした。とりわけ一緒に仕事をするようになって、私がしばしば驚かされたのは、そのみずみずしい経営感覚でした。

たとえば、コスト感覚一つをとっても、スーパーマーケットで売られている商品の値段などをよくご存じで、いま卵はいくらくらい、鯖《さば》の缶詰はいくらくらいと細部にいたるまで精通しておられました。

消費の現場の実状をよくわきまえたうえでのコスト感覚。そういうものに人一倍すぐれていらしたのです。

当時の電話料金は十円、二十円といった細かい単位で決められていましたから、それをいくらに設定するかは企業の収益のよしあしを左右するだけでなく、会社の盛衰にまで関わってくるきわめて重要な問題でした。

というのは、第二電電のような新興の通信会社は、安い電話料金を設定しないとそもそも最大手の電電公社に対抗できないが、さりとて、あまり安くしすぎると今度は会社の経営自体がもたなくなるというジレンマにさらされてしまいます。

だから、料金をどれくらいの水準に設定するか、その細かい目盛りの加減がそのまま会社の命運を握っているといっても過言ではないのです。

でも、稲盛さんの卓越したコスト感覚は、この問題をいつも的確にクリアしてきました。「値決めが経営」というご自身の言葉どおり、つねに最適解に近い価格、料金を導き出すのです。

むろんそれは、現場を知り尽くしたシャープなコスト感覚に支えられたもので、その点では、稲盛さんは実に「先の見える」人でした。その先見性にもやはり際立ったものがあったのです。

のちに、私たちの会社がＤＤＩとして携帯電話も手がけるようになったとき、稲盛さんがその契約料はいくらで、月ごとの基本料金はいくら、通話料はおよそこの程度といった具合に料金内容の細部まで事前に「予見」し、それが実際の金額とほとんど変わらなかったという話は有名ですが、私も同じとき、稲盛さんのある〝予言の言葉〟をこの耳で聞いています。

第二電電の市外電話サービスが軌道に乗って、事業が急成長し、次は新たに携帯電話事業に乗り出そうとしたときのことです。

当時、専務の職にあった私は、それまでの固定電話事業と新しく始める携帯電話事業の割合を、そのとき成功していた固定が七、これから新規スタートする携帯を三くらいにとらえていました。

それで稲盛さんに、「固定が長男で、携帯が次男といった感じでしょうか」と進言したのです。ところが稲盛さんはニヤリと笑って、「千本くん、逆だよ。長男は携帯で、固定が次男だ」と答えたのです。

この言葉に、当初私は納得がいかないものを感じていました。

携帯電話の有望性は理解できるものの、その新規性が固定電話の安定性を上まわることは可能だろうか、かりに可能だとしても、それが実現するのはかなり先のことだろうと考えていたからです。

しかし、現実は稲盛さんが予言した以上の事態にまで進展しました。携帯電話はいまや必須のツールとして国民にあまねくいきわたっている一方、固定電話は減少の一途をたどっています。そこまで先が見通せていたのは私ではなく、稲盛さんのほうでした。

料金ばかりでなく、その手頃なサイズ、普及のスピードにいたるまで、稲盛さんにはかなり明確に見えていました。携帯電話という新しい製品が秘めた無限の可能性を的確にとらえていたのです。

のちに、なぜ携帯が長男だとわかったかという質問を私がしたとき、稲盛さんは「半導体の技術革新のスピードをものさしにしたら、だいたいわかる」といった意味のことを答えられました。

京セラが手がけるファインセラミックスは精密な半導体の製造には欠かせない部品ですが、稲盛さんは自社の事業から、その進化速度に十分な経験知をもっておられ、そこから類推して、携帯電話という新しい商品の市場的な広がりをかなりの精度で予見できたわけです。

これまた正確すぎるくらい正確な予測で、稲盛さんのこういう先見性に満ちたすぐれた経営感覚には舌を巻くと同時に、ずいぶん勉強もさせてもらいました。

稲盛和夫というと、仏教的倫理観を土台にした精神主義や哲学を企業経営の真ん中に据える経営者というイメージが強いかもしれません。

それはそれで間違いではありませんが、それでは稲盛和夫という人間の半分しか見ていないことになります。

稲盛さんは精神主義の半面で、京セラの「アメーバ経営」や「会計原則」など、きわめてユニークで合理的、効率的な経営管理手法を考案、駆使するプラグマティックな側面も強くもっておられます。

その意味では、とてもリアリスティックな経営者でもあります。

少し考えればわかりますが、精神主義だけでは、あそこまで優良な企業を、あそこまで大きくすることはとうていできないでしょう。

名経営者の一言で決まった「泥臭い」社名

ちなみに第二電電の設立には、ソニーの盛田昭夫さん、ウシオ電機の牛尾治朗さん、セコムの飯田亮さんなどの協力も仰いでいます。

巨大な電電公社に対抗するのに、第二電電をバックアップするのが京セラ一社では心もとないことから、こうしたベンチャー精神にあふれた、活《い》きのいい経営者の方々にも加わってもらおうという稲盛さんの深謀遠慮からでした。

このなかでは年長の盛田さんが兄貴分でしたが、その盛田さんもまた、いうまでもなくすぐれた先見力の持ち主でした。

最初の頃の役員会の席上だったと記憶しますが、第二電電の事業の実務面は私にまかされていましたから、私は事業の目的や内容、戦略や方向性などを考案し、それを記したコンセプトペーパーを用意して会議に臨みました。

その冒頭、兄貴分の盛田さんがこんな提案をしたのです。

「ここにはいずれも一騎当千のサムライがそろったが、みんな一家言あって、うるさい連中だから、あれやこれや口出ししてはかえって経営はうまくいかない。船頭多くして船山に上るということわざもある。そうならないためには、経営の主導権は稲盛くんに一任して、われわれは応援部隊にまわろう。金は出すが口は出さない、これが原則だ」

これには他の方々も賛意を示して、経営については稲盛さんに、実際の事業プランニングや推進については私にまかせるという合意が得られました。この寛容な提言に、私は内心で感謝しました。

ところが、私が用意したコンセプトペーパーに従って事業プランをプレゼンテーションし、会議がかなり進んだ頃になって、ある問題に関して、当の盛田さんがさっそく異議を唱えたのです。

それは「第二電電」という新会社の社名についてでした。

この名前は私が考えたプロジェクトネームで、あくまで仮称のものでした。正式にはもっと別の「ワールド〇〇」といった横文字の入ったおしゃれな社名を考えており、コンセプトペーパーにもその候補名をいくつか記してあったのです。

それで社名の検討に入ったとき、私が横文字入りの名を提案したところ、盛田さんが「そんなカッコいい社名はかえってよくない。それより、ここに書いてある『第二電電』というのがいいじゃないか」と反対意見を述べたのです。

自らの会社にもSONYという英語表記の社名をつけ、グローバルな視点をもち、ブランディングについても一家言をもっておられた盛田さんが、第二電電という泥臭

いプロジェクトネームを推す真意を測りかねて、

「これはあくまでプロジェクト名です。日本でいちばんの通信会社をめざそうというときに、自ら『第二』を名乗るのはいかがなものでしょう」

と私は反論しました。

しかし、盛田さんは間髪をいれず、こう返してこられた。

「千本くん、それは少し認識不足だな。横文字の社名はたしかにカッコいいが、いちいち説明が必要でわかりにくい。第二電電なら一発で、『ああ、二番目にできた電話会社だ』と老若男女の誰にもわかるじゃないか。泥臭いかもしれないが、こういう通りのいい名前の大衆への浸透力や爆発力というのはすごいものだ」

これを聞いて、私は目からウロコが落ちる思いがしました。たしかに、自分でなにげなくつけて、ひんぱんに使っていた仮の社名でしたが、そのわかりやすさのインパクトは横文字のそれをはるかに超えています。いまでいう「キャッチー」なネーミングです。

稲盛さんも「なるほど」と感心し、けっきょく正式社名も第二電電に決まったのですが、こういうことを簡単に思いつき（簡単にではないのかもしれませんが）、平然と提案できる盛田さんのマーケットセンスは真に洗練されていたというほかはありません。

私は、さすがは世界のソニーを率いる傑物だと驚愕《きょうがく》まじりの敬意を抱きました。盛田さんもやはり、とても「先の見える」名経営者だったのです。

世界を見ることで先見性のアンテナが磨かれる

アメリカに留学して異なる文化や価値観に触れたことが、第二電電の立ち上げにつながったことを述べてきましたが、第二電電設立のそもそもの発想は、日米両国の経済環境の格差に目をつけたところから生まれたものといえます。

かつて、アメリカがくしゃみをすると日本が風邪をひくなどといわれたように、アメリカで起きたことは一定のタイムラグののち日本でも起きるという一種の「法則」がありました。つまり、ある一つの産業が進化、進展していくときの日米両国における時間差。そこに着目したことが、第二電電の成功の背景的要因ともなったわけです。

もっとわかりやすい言い方をすると、ある国で進んでいるビジネスを、それが遅れている国に「輸入」すれば、その成功確率はきわめて高いということ。格差から大きなビジネスチャンスが生まれてくるということです。

この方法を再度活用して、私はのちにインターネットの分野でも有力なベンチャー企業を立ち上げています。話は少し先に進みますが、一九九〇年代のなかば、私は第二電電からすでにＤＤＩとなっていた会社を退社しました。

稲盛さんとともにつくった愛着ある会社を辞めた理由についてはまたあとで述べる

機会があると思いますが、そのＤＤＩを辞めてからの数年間、私は慶應義塾大学の大学院で教授として教鞭を執っていました。

ＤＤＩでの実体験を生かしてベンチャー経営論などを教えながら、実際の起業家の育成などにも力を入れていたのですが、その間も、アメリカのカリフォルニア大学で客員教授を務めたり、シリコンバレーのいくつかのベンチャー企業の社外役員を務めたりして、日本とアメリカをしょっちゅう行き来していました。

そのとき、私の目に鮮烈に映り、心にも深く刻みつけられたのがインターネットという新技術の登場と進展、その無限大ともいえる可能性でした。

当時、アメリカではインターネット本格化の時代を迎え、それはすでに通信インフラの主流の位置を占めつつありました。

いわゆるブロードバンド技術が普及して通信量、通信速度ともに格段に向上し、ネットワークに「always on（常時接続）」しながら、料金も月額五千円程度の定額制という、利用者にとっては快適な環境がすでに整っていたのです。

かたや日本はどうかといえば、インターネットはまだヨチヨチ歩きを始めたばかりの黎明期にありました。最高でも六十四キロビット程度の通信量・通信速度という旧式のナローバンドの時代でしたから、動きは「重くて遅い」のが常識。接続料金も、その「高い」ことは驚くべきレベルでした。

というのも、接続方式はダイヤルアップと呼ばれる電話回線を利用したもので、利用したいときだけ接続して、使い終わったらすぐに通信を切断しなければなりません。なぜなら常時接続していると、あとで目玉が飛び出るほど高額な利用料を請求されたからです。

いまでは笑い話のようなお粗末な環境にあり、日本のインターネット環境はアメリカばかりでなく、世界から見てもガラパゴス的に遅れていたのです。

私が目をつけたのはやはり、この日米の通信環境の格差でした。インターネットは数百年に一度の革新的なイノベーションであり、通信分野だけでなく経済全体や人びとの生活にも大変革を起こすエポックメイキングな新技術であると、私も驚きをもってそのポテンシャルに注視していきました。

その変革の大波はやがて日本にも押し寄せてくるに違いない。アメリカで起きたことは一定のタイムラグをおいて、必ず日本でも起こるはずだから、その動きを先取りしてビジネスにつなげれば、成功の可能性がきわめて大きいことは容易に想像できます。

また、アメリカのインターネット環境を新幹線だとすれば、わが国のそれはいまだに石炭を燃やしてゴトゴト走る各駅停車のようなものだ——そんな日本の遅れた環境にいらだちさえ覚えていた私は、やはり第二電電のときと同じように、日本の利用者により快適な環境を提供するために、この状況を変えていかなくてはならないと考えるようになりました。

そうして旧知の若い香港人とともに起業したのが、「イー・アクセス」というベンチャー企業だったのです。

それはインターネットの利用者に通信回線を提供するプロバイダーに、その通信回線を卸売りする問屋さんみたいな役割の会社でしたが、二〇〇〇年前後のミレニアム期に巻き起こったＩＴバブルのブームにも乗って、私たちの会社はブロードバンド時代の一翼を担い、わが国のインターネット普及とその環境改善にもかなり役立ったものと自負しています。

「あなたが二番目に起こしたベンチャー企業も、やっぱり時代にさきがけた先進的なものでしたね」

当時、そんなおほめの言葉をちょうだいしたこともありますが、その先進性も種をあかしてしまえば、日米の格差に着眼したところに起点があるのです。

私がアメリカの進んだインターネット事情をこの目でじかに見ていなければ、また、その新しい技術の可能性に着目していなければ、私は会社を起こすこともなく、いまも大学の先生をしていたかもしれません。

国内の事情しか知らなかった日本人よりも早く海外の動きを見聞きし、それがやがて日本に波及してくる、その波先をビジネスチャンスとしていち早くつかむ、もしくはその動きを先導すべく、人より少しだけ早くアクションを起こす。そうした手法が成功につながっていった。

もっと突きつめていえば、そのとき「外の世界を見ていたか、見ていなかったか」。ただそれだけのことが、成否を分ける大きな要因となったといってもいいでしょう。

だから、私がよく若い人にいうのは、「旅をしろ」ということです。いまいる場所、ドメスティックな環境に安住せず、異なる国、違う場所へ出かけて、自国や現住所では知りえない知識、見聞を広めること。異なる環境に積極的に身を置いて、ふだんでは知ることのできない情報や価値観を浴びるように貪欲に知るべきだということです。

先見性のアンテナというのは、多様で異質な情報、広く豊富な見聞によって磨かれるものです。国内外を問わず、どこへでも足を運び、誰とでも会い、何でも見ること。現地、現場へ出向いて、そこの空気を五感で感じ、そこに住む人びとと言葉を交わし、そこにある文化、文物、風景などを目にし、自分の手でじかに触れること。

そういう現場主義の姿勢が、何にもましてあなたの感受性を磨き、知識や思考を深め、あなたという人間を成熟させてくれるのです。

だからとりわけ若い人に、私は「家や会社の外に出て、違う世界を歩け」「世界を歩いて、未知に触れよ」といいたい。

身を軽くして広い世界への一歩を踏み出すとき、あなたの先見性のセンサーもまた鋭敏に働き出すはずだからです。

先が見えるから、跳ばなければならないときがくる

実際当時三十万人もいた電電公社の社員のうちで、なぜ私がそうした先走った問題意識をもちえたのかといえば、これもまた私が若いときに「世界を見てきた」からとしかいいようがありません。

独占企業の優位を是認する発想から抜けられない保守派が組織の大半を占めていたとしても、社員三十万人のうちの一〇%くらいは公社の改革や民営化が必要であることを認識していたに違いありません。

しかし、さらにそのうちで、ライバル会社の必要性にまで理解の届いていた人はほとんどいませんでした。まして公社を辞めて、それを自分でつくるような暴挙に出たのは、残念ながら三十万人のなかで私一人だけでした。

だから、私が公社を辞めて競争会社をつくろうとしたとき、「おまえは育ててくれ

た会社に後ろ足で砂をかけていく気か。とんでもない恩知らずだ」と罵倒した人もいました。「公社に盾を突いてうまくいくわけがない。とんだピエロだ」と嘲笑した人もいました。四十年たったいまでも、非難の言葉を口にする人もいます。

その点では、私も忸怩《じくじ》たる思いがいまでも消えていません。私が恩ある会社に後ろ足で砂をかけるような行為に出たのは事実であり、そのことへの後ろめたさもあれば、長く世話になり、優秀でよき仲間がたくさんいた組織を離れるさびしさも当時は強くありました。

そして視界必ずしも良好とはいえない未来へ踏み出す不安もないまぜになって、正直、意気揚々とはいきませんでした。

しかし、それらは情緒面のことで、客観的に時代の流れや状況を考えれば、やはり私は決断をしなくてはなりませんでした。ピエロやドン・キホーテは承知で、リスクある一歩をあえて踏み出さなければいけない時期に差しかかっていた。

もうあと戻りはできない――身ぶるいするような思いでお世話になった電電公社を退職したのは、一九八三年十二月のことでした。

翌八四年一月、私はすぐに京セラに入社し、東京・八重洲《やえす》にあった同社の東京八重洲事業所に出社しました。常務取締役情報企画本部長と肩書きこそいかめしいものでしたが、当時の私の内心の不安を可視化したような――狭い応接室を改造したという――机だけがポツンと一つ置かれた小さな部屋が、私の新しいオフィスでした。

第2章

苦難は栄光の呼び水

新会社を立ち上げて訪れた受難と洗礼

机一つの狭い部屋で京セラの一員として再スタートしたとき、私の胸の多くを占めていたのは、「これがベンチャー企業を起こすということか。これがゼロになるということか」という不安やわびしさでした。

もちろん片方には希望や期待感もありましたが、それよりも不安や責任の重さのほうが大きかった。そして、その予感どおり、ＤＤＩのスタートはなかなか一筋縄ではいかない前途多難なものとなりました。

たとえば、通信事業を行うには自前の通信回線をもつことがビジネスの大前提になりますが、私たちＤＤＩは、その基本となるインフラ整備にのっけから赤信号がともっていました。

大阪のホテルのコーヒーラウンジで稲盛さんを口説いたとき、東京と大阪を電話線で結ぶ絵を描いて説明した「自前の電話線を引く」という話も、当時の新技術であった光ファイバーの敷設を前提にしたものでした。

電電公社時代、私は有線技術が専門で、その最先端技術である光ファイバーを使ったネットワークシステムの研究開発にたずさわった経験がありました。

その敷設経路はいくつか考えられて、一つは電電公社のように旧国道沿いに埋設する方法ですが、これには莫大《ばくだい》な工事資金が必要になることから断念せざるを得ませんでした。

それ以外に東京、名古屋、大阪の大都市間を効率よく結ぶルートといえば、誰もが思いつくように新幹線か東名高速道路に沿って敷設する方法です。私もそう考えて、それを前提にしたプランを立案したのです。

それでまず、国鉄（現・ＪＲ）に出向いて、担当幹部にかけ合いました。

新幹線の線路わきには線路に沿って側溝が施設されていますから、そのスペースを借りて光ファイバーのケーブルを通すことができます。国鉄の施設は国民の税金でつくられた、いわば公共財産。電気通信網という国民全体の利益につながるインフラ設備を設置するために、その一部を貸し出すことには何の問題もないはずと考えて、協力を要請したのです。

ところが国鉄側から返ってきたのは、「考えさせてほしい」という答えでした。不審に思った私は、さらに当時の副総裁にも会って協力を働きかけましたが、これも答えはノーでした。正直、かたくなといえるほど非協力的な姿勢に終始したのです。

私は思いがけない返事に途方にくれて、仕方なく国鉄ルートをあきらめて、第二の案である高速道路ルートを選択することにしました。

高速道路の中央分離帯の下にもダクトが走っていて、そこにケーブルを埋設することができるのです。その承諾を得るために日本道路公団とも交渉の場をもちましたが、やはりイエスの返事はもらえません。

「タダで貸せといっているわけではない。公共の財産をなぜオープンに使わせてくれないのか」

私は納得がいきませんでした。いずれもトップの稲盛さんが出向いて、直接協力をお願いしたのですが、やはり最後まで首を縦に振ってくれませんでした。

アメリカでは鉄道や道路は公共のものという考えが強く、その所有・運営団体は「right of way」といって敷設権を民間企業に広く貸したり売ったりするのが一般的です。

ＤＤＩのようなベンチャー企業でも、施設の一部を貸してほしいと申し出れば、商売として喜んで提供してくれるのが常なのです。

しかし日本では、もとは国民の税金でつくられた施設でも、自分たちの所有物とでも思っているのか、まったく協力的ではありませんでした。

この理由はすぐにわかりました。なんのことはない、国鉄も道路公団も「自分たちがやる予定」があったからです。

われわれＤＤＩの新ビジネスの動きを察し、それが将来性豊かなものと踏んだのか、国鉄は「日本テレコム」という通信子会社を、道路公団はトヨタ自動車と組んで「日本高速通信」という子会社を、それぞれ新たにつくって通信事業に参入することが決まっていたのです。

自らも手がけようとしている新事業の先行ライバルにわざわざ軒先を貸すほど彼らも「親切」ではなかったわけですが、それにしても敷設権を囲い込んでＤＤＩとの併設を認めず、はなから競争を排除してしまう、その独占的な体質、度量の狭さには大いに落胆させられました。

いずれにせよ、ビジネスプランの根本前提が最初から崩れてしまったわけで、これは私の完全な読み間違いというしかなく、事業は早急な立て直しを迫られました。それ以上に、「この人生を賭けたプロジェクトもはやばやと失速の憂き目に遭うのか」と私は早くも壁際まで追い詰められたような気分でした。

こうした事情についてマスコミは、ＮＴＴに対抗する新電電のなかでは一番手が国鉄が運営主体である日本テレコム。二番手が建設省（当時）がバックにいる日本道路公団がトヨタと組んだ日本高速通信。うんと離れた三番手（すなわちビリ）がインフラ整備もままならないＤＤＩで、当然、いちばん早く消えるのもＤＤＩという論調が主流でした。

なかには稲盛・千本組のＤＤＩの成功など、まったくおとぎ話の部類だと揶揄《やゆ》するような記事もあり、それはかえって苦しい私にとって、「なにくそ！」という闘志の火をつける役割も果たしてくれたのです。

苦労の連続だった「秘境ルート」基地の建設工事

こうして最先端技術の光ファイバーを使用する案はあきらめざるを得ず、私は仕方なくセカンドチョイスとして無線のマイクロウェーブ技術を選ぶことにしました。

光ファイバーに比べれば、通信技術としては一世代前のもので、山の上に無線の中継基地をつくり、そこにアンテナを立てて、アンテナからアンテナへと電波を伝えていく単純な方法です。

東京―大阪間に中継基地を一定間隔で建設すればよく、費用の負担も比較的軽くてすみます。

しかし、これにもまた高い壁が待ち受けていました。最初の難関は、東京―大阪間にはNTTがすでに同じマイクロウェーブの中継ルートを数本敷設していて、私たちが勝手にルートを設置すると、それぞれの電波が互いに干渉し合って障害が起きてしまうことでした。

それを避けるには、NTT側からルート情報などのデータを提供してもらい、たとえ遠回りになっても電波障害の起きない場所に中継基地をつくっていく必要があります。

ところが、NTT内部で「新参の敵に塩を送ることはない」という反対論が強かったようで、なかなか協力が得られず、これもまた、いったんは頓挫しかけたのです。このピンチを救ってくれたのが、当のNTTの総裁であり、飛行機の中で私の造反を黙認してくれた、あの真藤恒氏でした。

真藤氏は新聞紙上で「東京—大阪間のマイクロウェーブのルートにはもう一本空きがある」という発言をされ、それをきっかけに真藤・稲盛両氏によるトップ会談が実現して、その場でルート情報の提供を承諾してくれたのです。

真藤氏のこの発言はつまり、その空いている一本のルートをわれわれDDIが使えというメッセージであり、氏が社内の反対論を抑えて、新参のライバル会社に塩を送ることをやはり「黙認」する寛容な態度の表明でした。
もし、この氏の発言がなければ、事業はインフラ建設の段階で漂流してしまい、事業全体がおそらく座礁の憂き目に遭っていたでしょう。

こうして、やっとルートは決まったものの、そこから先にも難題は山積していました。まず中継基地づくりですが、中継所に適したいい場所はすでにNTTが占拠していますから、私たちに残されているのは山中の奥深い場所を点々と縫っていくような、いわば「秘境ルート」でした。

それでもなんとか東京―大阪間に八カ所の中継ポイントを設定して、その土地の所有権をもっている地主さんと土地買収の交渉から始めたのですが、一つの土地は地権者が複数にまたがっていることが大半で、一人ひとりの地権者とそれぞれ込み入った交渉をしなくてはならない。いったんまとまった話が、他の地権者の条件とのかねあいでまた白紙に戻ることもたびたびありました。

交渉がこじれると、担当者から私のところに「本部長、出番です。お願いします」と連絡が入り、私は一升瓶を手みやげに雪深い山中まで出向く。こんなことが何度もくり返されました。

そんな調子でしたから、土地取得は遅々として進まず、通信サービスの開始まで一年を切った段階になっても、中継所の建設には着手できないままでした。

残り時間は少なくなるばかりなのに、いまだに「最初の一歩」が踏み出せない。その焦燥と緊張はふくれあがる一方でした。

ようやく土地の取得にめどが立ち、すぐに中継所の建設工事にとりかかりましたが、ちょうど冬の厳寒期で、基礎工事に必要なコンクリートが凍りついてしまう。

それを防ぐために二十四時間火をたいて温め続けながら、昼夜を分かたぬ突貫工事を続ける。すべてに苦労がともない、それを克服する強靭《きょうじん》な精神力なしでできることなど一つもありませんでした。

さらに中継所ができても、それだけでは通信網は完成しません。その回線を企業や一般家庭の契約者にまでつなげるにはNTTの回線を仲介しなくてはならないからです。

その仲介窓口となるネットワークセンターを建設する段階になって、今度は建設地周辺の地域住民から猛烈な反対運動が起きました。

日照権が侵害される、マイクロウェーブの電波が体に悪影響を与える。そうした理由からです。

もちろん、地元住民の理解なくして企業の発展はありません。私たちは住民の理解を得るべく、マイクロウェーブが人体に与える影響が無害レベルに微弱であることを実証データで示すなどしながら、住民との対話集会を粘り強く続けました。

ほぼ毎週末行われた対話集会は一年近くにおよんだと思います。

大多数の住民の方の理解を得て起工式までこぎつけたときにも、式典の最中に建設に反対する一部の住民の方から、ぬかるんだ泥や石を投げつけられたこともありました。

そのためＤＤＩの社長は傷を負い、私の背広も泥まみれになってしまいました。

そうして、やっとのことで通信インフラが完成したものの、それは器ができただけで事業はまだ何も始まっていません。

建設工事に湯水のようにお金が流出していっただけで、収入はまだ一円も発生していない。私が稲盛さんに示したインフラ設置のための初期投資である三百億円ものお金は恐るべきスピードで減りつつありました。

このお金と時間とのせめぎ合いはまるで狭い塀の上を歩いているようで、成否どちらに転ぶかわからないあやうい闘いでした。いま思い出しても冷や汗が出る、新事業における最初にして最大のピンチだったといえます。

敵に「通信ルート」を譲った人間的度量

ここで本題とは話が少しずれるのを承知で、特筆しておきたいことが一つあります。それは一本だけ空いていた通信ルートを譲ってくれた、真藤恒氏の人間的度量の大きさについてです。

NTT内部の九九％が反対論に傾くなか、氏のその鶴のひと声が私たちDDIを大きなピンチから救い、文字どおり死中に活路を開いてくれたわけですが、その寛容さの背後には、氏の世界を展望する広い視野と高い視点からものを見る大局観があったと思われます。

すでに激しい競争が起こって、料金も下がり続けている海外の通信市場の状況に関して卓越した知見を有していた氏は、ＮＴＴ独占が続く日本市場の後進性を「このままではダメだ」と憂い、そこに競争原理を導入することの必要性を強く感じておられた。

新参の頼りないベンチャー企業のＤＤＩであっても、ＮＴＴのライバルとして新規参入させて、市場に競争状態を出現させるべきだ。そのほうが社会や利用者である国民のためになるし、さらにはＮＴＴ自身の改革と成長にもつながっていく――氏はそういう大局的な観点から、判断を下されたのだと思います。

実際、ＤＤＩなどの競争相手の出現によって、その後、ＮＴＴ自身も他社との切磋《せっさ》琢磨《たくま》を通じて、より筋肉質でムダのない強い会社へと変身していきました。

こういう自社の得失を超えた大所高所からの決断は、真藤氏以外には無理であったはずです。電電公社には優秀な人はたくさんいましたが、その視野はやはり組織内にとどまり、ドメスティックなものに限定されているケースが多かったからです。

その点でも、氏は本当に賞賛に値する偉大な経営者でした。不幸にもリクルート事件に関係して、残念ながら、その座を降りることになってしまいましたが、もしあのまま変わらずNTTのトップを務めていたら、同社はさらに強大で洗練された企業になっていたものと思われます。

私はその業績、人間性ともに、経営者としてもっと高く評価されてしかるべき人物であったと考えています。


ちなみに、「空いたルートがある」事実を新聞を介して発表した点にも、真藤氏の巧みな知恵が働いていたように思われます。

このとき稲盛さんにも直接は知らせず、「明日の新聞を見てほしい」とだけ言づけたといいます。

翌日、新聞を見て真藤氏の意図を知った稲盛さんが連絡をとり、二人は会うことになって、その場でマイクロウェーブのルート使用の許可を正式に出す。そんなちょっと粋なやり方をしてくれたのです。

私の退職を黙認したのと同様、氏の立場上、やはりルート使用の許可を「公言」はしにくいが、その点を逆手にとって、マスコミを通じて間接的に知らせることで、その内容を広く既成事実化し、公社内部の説得にも役立てようとされたのではないでしょうか。

実に巧妙なやり方であり、そんなふうに氏はマスコミの使い方もひじょうに上手な人でした。

のちに、私も真藤氏のご自宅に招かれたことがありますが、これが電電公社の総裁の家かと思うほど質素なつくりでした。

氏はＩＨＩ（旧・石川島播磨《はりま》重工業）時代以来の土光敏夫さんの弟子筋にあたる方ですから、その住居の質素さも稲盛さんが感心した気骨ぶりも、師匠である土光さん直伝のものであったのかもしれません。

下馬評の最下位がなぜ加入者数トップとなったか

さて、こうしてようやくインフラ整備にめどがつき、一九八六年の十月、東海道ルートでの専用回線サービスが開始されることになりました。

他社との顧客獲得競争の幕が切って落とされたわけですが、私たちＤＤＩは事前にマスコミが予想していたとおり、新電電のなかではどん尻の最下位でした。

この結果には、インフラ構築工事に汗と涙を流してくれた部下たちも落胆したようでしたが、私にとっては想定内のことでした。

専用回線サービスというのは、法人を対象にしたＢ to Ｂビジネスですから、その企業相手の獲得競争でＪＲやトヨタ自動車を後ろ盾にもつ他の二社の後塵《こうじん》を拝することは織り込みずみだったのです。

本当の勝負はこれから。専用回線の十倍の市場規模がある一般利用者向けの市外電話サービスでどれだけのシェアがとれるか――その市外電話サービスの開始はほぼ一年後の八七年九月。それまでにどれだけ加入者を増やせるかが命運を分ける。

厳しい戦いには違いないが、勝算は十分にあると踏んでいました。

営業本部長を自ら買って出た私は、部下たちに「戦いはここからが本番だ。一般向け回線の獲得競争には必ず勝てる。大衆を相手にした商売ならわれわれは負けない。あと一年、死にものぐるいでがんばろう」と発破をかけたのを明確に覚えています。

それからの一年は代理店ネットワークづくりに奔走しました。

商社から町のタバコ屋さんまで靴のかかとをすり減らして歩きまわり、自分たちの手で販売代理店を一つひとつ新しく開拓していく。

デパートやスーパーマーケットに頼んで店内にサービスカウンターを設置してもらい、市外電話サービスへの加入を受けつけるかたわら、ＤＤＩという会社の存在やそのサービス料金の安さなどをＰＲする。

こうした地を這うような地道な活動には、稲盛さん率いる京セラの社員をはじめ、ＤＤＩの株主であるソニーの盛田さん、ウシオ電機の牛尾さん、セコムの飯田さんなども協力を惜しまず、尽力していただきました。

私自身も新規の代理店として、当時、小売業で勢いを増していた家電量販店の開拓に力を傾注するなどしました。

一般的には、市外電話サービスのような広範な地域におよぶサービスの代理店網をつくるには商社に一任するのが常識です。実際、他の新電電二社は商社に頼って代理店網をつくりました。

しかし、彼らほどの資金や知名度をもたないＤＤＩはそうしませんでした。

新参の弱小ベンチャーが大企業と同じ方法をとっていたのでは、とうてい勝負に勝てない。もたざる者は汗をかけ、そうでなければ知恵を出せ――こんな稲盛イズムに従って私たちは商社に丸投げせず、草の根的な地道できめ細かいネットワークづくりに注力したのです。

そうして一年後――新電電三社のトップが同席する合同記者会見が開かれ、各社のユーザー獲得数が順次、発表されました。これまで重ねてきた苦労がどのように実を結ぶか、緊張で身が引き締まる思いです。

最初は日本高速通信で、加入者数は十五万件。会場にいた私は、これを聞いて、「よし、これでビリは免れた」と安堵《あんど》しました。

次に日本テレコムの加入者数が発表されました。その数、二十七万件。

この瞬間、私は心のなかで「やったぞ、トップをとった」と快哉《かいさい》を叫びました。DDI社長である森山信吾さんが発表するまでもなく、私たちの獲得数は頭にこびりついていたからです。

その数、四十五万件。二位とは、ダブルスコアに近い圧勝です。

これまでの苦労が報われた気がして、私は泣きそうになりました。でも逆風のなかで私以上の苦労をしながら、この一大プロジェクトの種を黙々とまいてくれた部下たちが私の横で早くも涙を流しているのを見て、かわりに笑みがこぼれてきました。

ふつうならみんなで美酒を味わうところですが、私は酒が飲めません。このときほど、下戸であることをうらめしく感じられた夜はありませんでした。

ピンチに踏みとどまり闘い続ける者が勝利する

もちろん、これ以降も順風満帆というわけにはいかず、難題に直面する苦しい場面は何度もありましたが、ＤＤＩの事業自体は異例ともいえる速度で急伸長していき、サービス開始の二年後に単年度黒字を達成、翌年には累積赤字を解消。

設立からほぼ十年後の一九九三年、新電電のトップを切って、史上最短のスピードで東証二部（当時）に株式上場を果たしたのです。

その株価も、さらに事業規模や知名度なども急拡大して、DDIはNTTと対抗しうる大手の通信事業者として市場に確かな地歩を築いて今日にいたっています。

DDIという企業自体が為しとげた飛躍的成長は、アメリカのハーバードビジネススクールの有名な事例研究（ケーススタディー）に二度にわたってとりあげられ、私自身もハーバード大学まで数回にわたりレクチャーに呼び出されたほどで、一つのベンチャー企業の成功体験としては稀有《けう》な例として世界的に知られています。

したがって、いまでも典型的なサクセスストーリーとして語られることが多く、当事者の私もそのことに異論があるわけではありませんが、そのはなばなしい成功の裏側には、無数に近いたくさんの失敗や苦難の残骸がびっしりとこびりついているのです。

その過去の残骸によって、結果としての現在の成功がかろうじて成り立っているといってもいい。いいかえれば、私たちがつかむ成功のほとんどは、いつ失敗に終わってもおかしくなかった「ギリギリの成功」なのです。

どんな成功譚《たん》であろうとも、その過程を振り返ってみて、一から十までみんなうまくいった、すべて順調に進んだなどという事例はこの世にはありません。

少しでも世の中を見てきた人であればすぐにわかることですが、成功という箱の中に詰まっているものの九〇%、いや九九%は苦難、困難、危機、逆風、挫折といった「負」の要素です。

DDIで私たちが為しとげたクオンタムリープもまた、そうした「苦」のかたまりを足がかりにして、そのうえで懸命に背を伸ばし、腕を伸ばした果てに、やっと尻尾《しっぽ》をつかんだものです。

成功にいたる過程では苦しい思いにさいなまれ、もうあきらめてしまおう、投げ出してしまおうかと考えたことも再三でした。けれども、そのピンチから逃げずになんとか踏みとどまって、目の前に立ちふさがる問題と必死に格闘するうちに、その苦境を乗り越え、成功を引き寄せる力がわが身に自然に培われ、備わっていった。それが当事者である私のいつわらざる実感なのです。

同じ苦難にあっても、かたや最後には成功をつかみ、かたや失敗の沼に沈んでしまう。その二つを分けるものは何か。それは月並みなようですが、一度や二度の失敗ではめげない不屈の心、成功するまでやり続ける粘り強さ。そうした泥臭い精神の力なのです。

困難を乗り越えられた三つの理由

稲盛さんがかつて「徒手空拳からの出発」と形容したとおり、ＤＤＩはそもそもルート開拓すらゼロから始めなくてはならないほど、あらかじめ不利を運命づけられたなかでのスタートでした。

その大きな困難を克服して、私たちはなぜ成功の糸をたぐり寄せることができたのか。その理由を、私は三つほどに大別して考えています。

まず一つ目は、それは私たちの戦いが「私益」よりも「公益」を優先したものであったことです。これが最大の勝因といってもいいでしょう。

つまり、自分たちがゼロからスタートさせた事業を成長軌道に乗せることができれば、NTTによる市場の独占体制が崩れ、国民はそれまでよりもずっと安い料金で電話を利用することが可能になる。その意味で、自分たちの手がける事業はたんに自社利益の追求だけを目的にしたものではない。それ以上に、「世のため、人のため」になるという大きな理念や大義を含んだ正義の戦いである――。

われわれはお金儲《もう》けのためにこの事業をやっているのではなく、社会や国民の利益のためにやっている。われわれを率いる稲盛さんの言葉でいえば、「利他」の志に支えられた私心なき純粋な動機、気高い目的意識をもった戦いである――。

こういう「正しい思い」が他社に比べてＤＤＩの社員にはきわめて強く、また、一人ひとりの社員の心に広く共有されて、それが不屈の情熱やエネルギーの元ともなっていた。

ないないづくしの不利な戦いを勝利に導くいちばんの原動力となったのは、そうしたふつうよりも一段高いレベルの精神の力だったと思うのです。

「私たちの仕事は何よりも、一般の国民のために電話料金を下げるというところに最大の目的がある。その思いを忘れず、それぞれの持ち場でとことん力を尽くしてくれ。私もできることは何でもやる」

私たちリーダーも、稲盛さんからこういう言葉をしょっちゅうかけられましたが、その利他精神にもとづく叱咤激励は、苦しい戦いについ意気消沈しがちな私たちの心に火をつけてくれ、悩みや迷いが生じたときの指針や心のよりどころともなってくれました。

私が稲盛さんに新電電の設立を提案し、ＤＤＩを創業することになってから、なぜ、あのとき稲盛さんは私の無謀な申し出を承諾してくれたのかと考えたことが何度もありました。

京セラは日本企業としてはとても早い時期にアメリカに進出しています。したがって私同様、稲盛さんもアメリカの通信コストの安さを当時からよく知っていましたし、コードレス電話のベンチャー企業を買収するなど、かの国の通信市場の事情もかなり理解されており、それと対照的な日本の市場が抱えるシリアスな問題点についての氏の理解はかなり正確だったはずです。

それだけに、氏は私が説明した事業プランのなかに、ビジネス上の可能性とともに社会的公共性ともいうべき「利他」の要素が含まれていることもするどく感じとったはずです。

すなわち、競争相手がいない市場というのは不自然、不公平、不健全であり、それらを利用者のため、つまり「世のため人のため」に正すところに、この事業のもっとも大きな意義と目的がある。

そして、その利他的な動機を忘れることなく貫いていけば、困難の多い厳しい戦いであっても、必ず勝利の曙光《しょこう》が見えてくるだろう――稲盛さんはそんな筋道によって新事業の分析をし、成算も立てた末に、私の無謀な提案に賛同していただいたのだと思います。

つまり、稲盛さんと私が共感し、意気投合して始めようとしている事業には、社会のため国民のために電話料金を安くしたいという確固たる動機と信念があった。儲かりそうだからやるのではなく、世のため人のためにやる。その利他の思いが私たちの起点だったのです。

つねに利他の心を説き続けた大経営者

利他的思考は稲盛哲学の中核となる思想ですが、世のため、人のためになることをやっていれば、その善なる心に天が味方してくれて、必ず物事はうまくいく。この利他思想をビジネスの世界であれほど徹底して貫いた経営者は、稲盛さんより他におられないでしょう。

稲盛さんは、その利他の思いに裏づけられた不動の信念をつねに内心に据えており、そのことが稲盛和夫という人間の骨格を形づくってもいました。

物事の判断はいつも損得ではなく「善悪」を基準にして下す——このことを確固たる経営信念として、あれほど内面に確立していた人はほかに見当たりません。

そのことは、第二電電の設立を提案した私にイエスの答えを返すまでに、稲盛さんが次のような自問自答を何度もくり返したという有名なエピソードでもあきらかでしょう。

「私の動機は一点の曇りもない純粋なものか。自分を大きく見せたい、社会から賞賛されたいという私心がありはしないか。その動機善なりや、私心なかりしか――」

ＤＤＩが成長していた時期、私たち社員が市外電話サービスの代理店づくりに苦労していたときにも、

「ゼロからのスタートで苦労が絶えないだろうが、きみたちがやっている仕事は何より国民のためになることだ。その世のため、人のためという精神をいつも忘れず、情熱をもってとことん仕事に取り組んでほしい」

そんなメッセージを事あるごとに発して、私たちを叱咤激励してくれました。

自分たちの思いや意思のベクトルが向こう、つまり自分ではなく社会や国民のほうへ向いていれば、それは私欲を離れた、よい心にもとづいたものであるがゆえに必ず成就する。

家族のため、人びとのため、社会のため、日本のため、世界のためという願いや祈

りは、それが私心なき善の思いから発せられたものであるため、必ず天が聞き届けてくれる。

そんなふうに稲盛さんのなかには、「利他の心」がほとんど生来の性格のように、しっかりと根づいていたものと思われます。

いま振り返っても、その稲盛流の利他思想が経営の根幹に据えられていなければ、ＤＤＩはあれほど飛躍的な成功をとげることはできなかったでしょう。

私たちは何かを願うとき、こうなりたい、こうでありたい、こうあってほしいという思いのベクトルを自分自身に向けることが多い。しかし、私よりもあなたのため、彼や彼女のため、人びとのためという具合に、思いのベクトルが自分から自分の外側に向かっていく願いもあります。それがすなわち利他の心であり、より多く、より大きくかなえられるのは、おそらく後者のほうでしょう。

自分たちのためだけに損得のソロバンを弾く私利私欲の混じった願いは「濁った願望」であり、そういう願いは一時的にはかなうことがあっても、長い目で見れば、先細りに消滅していく運命にあるでしょう。

他方、それが利他の思いや公益性を含んだ願いやビジネスであれば、いっときは苦境に立っても、必ず成就や成功へ向かう経路をたどり出すものであり、ＤＤＩの事業もそのとおりの過程を経ていったのです。

かつてのホンダ、パナソニック、ダイエー（むろん京セラも）といった、戦後経済を主導した企業には、水道哲学や流通革命など独特の経営理念がありました。

その根底には「人びとの暮らしをより豊かなものにしたい」という、経営者をはじめそこで働く人びとの強く熱い思い入れがあった。

その思いが凝集して、一種の商業道徳や経営理念を形成し、それぞれの企業活動の骨格をなしていたように思うのです。

高い利益を出して株主に還元することを企業活動の大目的とする、昨今の事業のありようと単純に比較することはできませんが、成長や成功は「正しい思い」を動機に力を尽くした結果として生まれてくる。そのことは時代を超えて変わらない真理だと思います。

思いのベクトルが外へ向かって「人に尽くそう」としたときに、クオンタムリープ（飛躍的成長）の恩寵もまた、私たちにもたらされるのです。

燃えるような不屈の精神が成功をたぐり寄せた

さて、ＤＤＩ成功の要因の二つ目に私が挙げたいのは、私たちが共通してもっていた「精神力」です。

経営や仕事において、また人生においても、意欲や情熱、士気や気迫といった精神上のファクターがきわめて大きな役割を果たす。その事実を、私は現実のビジネスのなかでまざまざと見せてもらいました。精神力こそが事業推進の最大の支柱となったのです。

そうした燃えあがるような強い情熱は当時、ＤＤＩの小さな組織のすみずみまで浸透していましたが、その熱源はむろん、トップに立って事業を牽引していた稲盛さんにありました。

私は苦しい局面が続いて、あせりと不安に息がつまるような思いをしていた頃、稲盛さんからこう励まされたことがいまだに心から消えません。

「千本くん、苦しいだろう。だが、事業というのは一度始めたら、途中でやめたらダメなんだ。それが筋のいい事業だと信じたら、石にかじりついてでも最後までやり抜く。競争相手がどれほど強大であろうと、どれだけわれわれが不利であろうと、知力を尽くして考え抜いて、勝負を絶対あきらめない。けっして途中でサジを投げてはいけないんだ」

始めたらやめるな。やめたときが失敗だ。だから、もうダメだと考えても、あと一分だけ我慢しろ。あと一歩だけ踏みとどまれ——そんな言い方で、稲盛さんは困難を前にしても逃げない不屈の精神の大切さを説いて、私を叱咤激励してくれたのです。

ちなみに「筋のいい」という言葉の意味は、やはり「利他」とイコールで、儲かるだけのビジネスではなく、世のため人のためになる要素をもったビジネスのこと。私益よりも公益を優先する姿勢の強いビジネスのことをいうのだと思います。

大企業などをバックにした他の新電電に比べれば、資金にしろ人員にしろ、ＤＤＩの内情はないないづくしであり、前述したような事業上の条件の不利に加えて、その経営資源の不足も数えあげればきりがないほどでした。創業メンバーにしても総勢で二十人ほどしかいなかったのです。

私たちに有利な部分は何一つないといってもよく、もしあるとしたら、それは「なんとしてもこの事業をやりとげるんだ」という情熱や気迫でした。

その執念ともいえるような強い思い、高い士気、強烈な目的意識——そうした精神的な熱量において、私たちＤＤＩは他の新電電をはるかに上まわっていた。そのことだけは断言できると思います。

こんなことをいうと、泥臭い精神主義のように聞こえるかもしれませんが、そうした執念にも似た情熱がなければ、凍えるような寒さの山中でのインフラ構築の苦難も、靴のかかとをすり減らしての代理店網開拓の苦労もけっして乗り越えることはできなかったでしょう。大きなハンデをバネとして成功の尻尾をつかむ動力や活力に変えていくこともできなかったはずです。

実は私自身、それ以前は「やる気があればなんでもできる」式の精神論には懐疑的な人間だったのですが、このＤＤＩ体験のあとではその認識が一変してしまいました。「一度始めたら、やめるな」という稲盛さんの言葉は、事業が成長軌道に乗ってから振り返ってみたときには、「ああ、本当にそのとおりだな」という実感をともなって響く真実の言葉となったのです。

以来、始めたらやめるな、あきらめたときに失敗が確定するという不屈の教えは私の人生をつらぬく指針となっています。限界の先には成長があり、妥協の先には後悔があるのです。

これはもう少しあとになって、ＤＤＩが携帯電話事業にも参入したときの話ですが、最大手のＮＴＴドコモ以外には、私たちＤＤＩに加えて、ライバル会社がもう一社名乗りをあげました。

周波数の関係から、同じ事業地域ではＮＴＴドコモ以外のもう一社しか営業できないという制約があったため、その新参の二社で全国を二つの区域に分けることになりました。

この場合当然、圧倒的な人口を有する首都圏を含むエリアのほうに大きなアドバンテージがあります。

いろいろと議論が紛糾した末に、けっきょくライバル会社に首都圏エリア、DDIに首都圏以外のエリアが割り当てられることになりました。

それだけでなく、東京と大阪の中間にある大都市・名古屋を擁する東海圏もまたライバル会社に与えられることになったのです（ライバル会社のバックにつくトヨタ自動車の地元であるという理由からのようです）。

これはまったくもって、不公平な結果でした。私たちDDIの得た首都圏と東海圏をのぞくエリアは、大阪をのぞけば人口の少ないローカル地域が大半だったからです。

このかたよった条件を稲盛さんとしては泣く泣くのまざるを得なかったのですが、それを受けたDDIの役員会は、当然のことながら大荒れになりました。

盛田さん以下の役員から、「まんじゅうのアンコは敵方にやって、こっちはまんじゅうの皮だけもらってきたのか。そんなバカな話があるか」といった不満と批判の声が稲盛さんに集中したのです。

そのとき、しばらく目を閉じて批判をやりすごしたあとで、稲盛さんはこういう話をしたのです。

「有利不利をいえば、たしかに七対三くらいの勝ち目のうすい戦いで、皮だけ押しつけられた現時点では負け戦を自ら選んでしまったようなものかもしれない。しかし、勝負はこれからだ。見ていてほしい。絶対、向こうよりも多くの顧客を集めて、大きな売上を上げてみせる。まんじゅうの皮を黄金の皮にしてみせる――」

どの程度の目算があって、稲盛さんがこんなタンカを切ったのかはわかりません。そのとき役員の一人として会議に参加していた私も、この言葉を「そんなことを安請け合いして、稲盛さんだいじょうぶかな。本当にできるのかな」と心配に思ったくらいです。

しかし、フタを開けてみれば、稲盛さんのいうとおりになりました。大きなハンディにもかかわらず、ライバル会社を上まわる数のユーザーを獲得して、DDIの携帯電話事業はサービス開始の数年後には一千億円を超える規模にまで急成長していったのです。

向こうは大企業をバックにもつ、官僚もまじったサラリーマン集団。こちらは、情熱と気迫に満ちた意気軒昂《けんこう》なベンチャーの野武士集団。何はなくとも、事業にかける熱量だけはこちらに圧倒的な分がある。「なにくそ負けてたまるか」という闘志を触れればヤケドしそうな温度で内心にたぎらせている。その強い思いがやがて数字上の不利を凌駕《りようが》して、勝利の女神は必ずこちらにほほえむだろう――こういう未来図が稲盛さんの目には相当な確率で見えていたのかもしれません。

覚悟を決めて、理念や目標のために汗を流すことをいとわない高い士気、不屈の情熱ほど、成功を決定づける要因として力のあるものはありません。ベンチャーにはある種の「無頼性」が必要なのです。私自身もそのメンバーの一人として、そのことをあらためて実感した体験でした。

地に足のついた「戦術」もまた必要不可欠

これまでに挙げた「利他の心」「不屈の精神」は、ビジネスにおいても人生においてもひじょうに大切な要素ですが、当然のことながら、ビジネスは精神論だけですべてうまくいくわけではありません。現実的な「戦術」もまた、成功するためには必要不可欠です。

ＤＤＩ成功の三つ目の要因、それは革新的で高度な技術と新しいマーケティングアイデアの採用でした。つまり技術面でも営業面でも、ＤＤＩのそれは他の新電電を一歩も二歩もリードしていたといえます。

たとえば、私たちが苦労して設置した通信回線はいわば、業界の雄であるＮＴＴの回線の支流のようなもので、ＤＤＩのユーザーが電話を利用するときにも必ずＮＴＴ回線を経由しなければならないしくみになっていました。

そのままではＮＴＴの回線利用者と区別ができないため、新電電各社にはそれぞれ四桁の事業者識別番号が割り振られることになりました。

ＤＤＩに与えられた番号は「００７７」。これを通常の電話番号の頭につけてダイヤルすると、ＤＤＩの回線につながるしくみです。

必ずＮＴＴが介在しますから、ＤＤＩの契約者であっても、この四桁の識別番号を回さないかぎり、通話回線は自動的にＮＴＴ回線のものが選ばれてしまいます。この点で、ＮＴＴと他の新電電の競争条件は不平等なものでした。

わずか四桁といえども、市外電話をかけるたびにいちいち番号を回すのはユーザーにとってかなり面倒な手間だからです。

実際、そのせいで新電電中で最多の加入者を獲得しながら、ＤＤＩの通話料収入は思うように伸びていきませんでした。この不公平を解消してもらおうと、ＮＴＴにも同様に四桁の識別番号を割り振ることを提案しましたが、管轄の郵政省（当時）からＯＫが出ません。

そこで私たちは、四桁の番号を機械が自動的に回してくれる技術の開発を思いついたのです。ユーザーが「０３」「０６」といった市外局番をダイヤルすると、専用のアダプターがそれを認識して、ＤＤＩの「００７７」に自動的につなげてくれるしくみです。

しかもアダプターに、各社のうちでもっとも料金の安い回線を自動的に選ぶ「最低料金選択機能」を備えつけて、当時、市外通話料金をＮＴＴよりも二〜三割安く設定していたＤＤＩ回線への誘導がおのずと増えるように改良したのです。

この新技術はユーザーの手間を省くという点でも画期的なものでしたが、それでもユーザーの数は思ったほど伸びていきませんでした。

その理由は単純で、アダプターの提供を有料にしたからです。買い取りにせよリースにせよ、有料であることが障害となって、広い普及を妨げていたのです。

とはいっても、アダプターの開発や製造には当然ながら、少なくないお金がかかっており、そのコストはどこかで回収しなくてはなりません。どうしたものかと打開策にあれこれ頭をひねっていたときに、大胆な決断を下したのがやはり稲盛さんでした。稲盛さんは一言こういったのです。

「アダプターはただで配ろう」

これを聞いて私は仰天しました。稲盛さんは通信業では素人《しろうと》だから、そんなことをいうのだ。開発コストをまったく無視して無料配布しろなどとは素人の思いつきで、稲盛さんほどの名経営者のいうことではない――私はあわてて反論しました。

「ただで配ったりしたら、作れば作るほど損が出て、会社はいずれつぶれますよ」

「そう思うか？　まあ、時間がたてばわかるよ」
稲盛さんはそんなふうに悠然としていましたが、たしかにあとになって、稲盛さんの意図が私にはやっと飲み込めたのです。

アダプターを無料配布することによってＤＤＩの通話量、すなわち通話料収入がいっきに増大していったからです。その売上の増加でアダプターの開発・製造コストは十分すぎるくらい元がとれたのです。

のちに、携帯電話の端末を「〇円」で売り、その端末代は通話料金によって回収するという方法を各社が採用した時期がありましたが、それを先取りしたような稲盛さんの先見力と大胆な戦略には、まったく舌を巻くほかありませんでした。

「魔法のチップ」を埋め込んだ電話機を大々的にセールス

ただ、アダプターを一般家庭に一軒一軒、設置して回るのは、人件費を中心としたコストが膨大になるという問題はやはり残っていました。この問題解決のために私が以前から目をつけていたのが、当時、急速に普及しつつあったコードレス電話機や家庭用ファックスでした。

それまで電電公社の認定した電話機（いわゆる黒電話など）しか使えなかったのが、電話機販売の自由化（一九八五年）を機に、電気機器メーカーがさまざまな種類の電話機を市販するようになり、その市場は大いに活況を呈していました。なかでもコードレス電話機と家庭用ファックスが爆発的な売れゆきを示していたので、

「この端末自体にアダプター機能をもたせることはできないだろうか」

と考えたのです。

つまり、アダプター機能をきわめて小さくチップ化して、電話機に埋め込んでしまう方法です。ある先端技術を使えば可能であるように思えましたが、しかし当時の日本のメーカーにはそれだけの技術を有しているところがありませんでした。いや技術

はあったのでしょうが、リスクをとって開発に乗り出そうとする会社は見当たらなかったというほうが正確かもしれません。

そこで私はアメリカへ飛んで同地の企業をあちこち訪ね歩きました。多くの会社は「難しい」という理由で断ってきましたが、サンディエゴにあった、ある先進的なベンチャー企業のCEOだけが、「とてもおもしろいコンセプトだね。たしかに難しいが、チャレンジする価値は十分ある」と開発を請け負ってくれたのです。

そして長い時間がかかりましたが、期待どおりの製品ができあがりました。ふつうに電話をかけるだけで、通話時間帯や通話先、曜日などによって、もっとも安い電話会社を自動的に選択するアダプター機能をもった「魔法のチップ」が完成したのです。

私はそれを日本に持ち帰って電話機の製造企業を訪ね、電話機への搭載を依頼しました。すると、この付加価値の高いチップに理解を示すメーカーがシャープを筆頭に続々と名乗りをあげてくれたのです。こうして魔法のチップを埋め込んだ電話機が発売されることになりました。

私はそれを武器に今度はセールスに回りました。やはり以前から、その強力な販売力に着目し、有力な販売代理店先として営業に力を入れていた家電量販店にさらに集中的に売り込みをかけたのです。

以前の代理店づくりのときには、

「われわれに電話の回線（加入権）を販売せよというんですか？　量販店は家電という目に見えるモノを売るのが商売ですよ」

「でも、回線ならテレビや洗濯機と違って在庫が不要です。在庫なしでリスクもゼロです」

そんなやりとりもしていましたが、今度はチップを搭載した電話機という目に見えるモノを売る「れっきとした」セールスです。私はヨドバシカメラをはじめとする量販店を訪ねてほとんど全国を行脚しました。

この新しい販売先の開拓は家電量販店が通信機器を売ることのさきがけともなったはずで、その営業を通じて、私は各量販店の経営者の方々とも知己を得ることができました。やがて他の新電電も同様にチップを搭載した電話機の販売を始めましたが、先行したＤＤＩをおびやかすまでにはいたりませんでした。

言葉が人の心を変え、現実を変える

このように、ＤＤＩの立ち上げと運営は私に貴重な体験をもたらしてくれましたが、そのなかで学んだことの一つに、「言葉の大切さ」があります。

聖書の有名な一節（ヨハネの福音書）に、「はじめに言葉ありき」というものがあります。言葉は神とともにあり、神そのものである。万物は言葉によって定義され、形成され、つかさどられている。そんなふうに聖書では、言葉（ロゴス）のもつ重要性や普遍性を強調しています。

人の感情や思考、意思や行動、人生のありようや生き方に言葉が与える影響は、私たちが考える以上に大きなものがあるのかもしれません。本の中に見つけた一行の言葉が沈んでいた心を励ましてくれた。低迷していたチームの空気がリーダーの言葉一つで一変した――こんな経験は誰にもあることで、人が生きていくうえで言葉のもつ力（エネルギー）はけっして無視できるものではないようです。

ＤＤＩを率いた稲盛さんは意思と行動の人であると同時に、「言葉の人」でもあって、一緒にいると、よくいろいろな言葉をかけてくれました。

ちょっとした打ち合わせの場や幹部を集めた会議の場などでも、議題に入る前に「ゆうべ寝るときに考えたことを少し話したい」などと前置きして、さまざまなことをお話しくださることが少なくありませんでした。

話の内容は経営のやり方や仕事に関する心がまえなどが多かったのですが、それも机上の抽象論や精神論ではなく、いつも自分の経験や仕事の現場で起こった具体的な出来事をベースにしているので、聞くほうにとってはとてもわかりやすく、強い説得力が感じられました。それは稲盛学校のレッスンみたいなもので、私たちは校長の言葉をよくノートにとり、しばしば励まされたり、慰められたりしました。

そのなかで、私の心にいまでも強く残っているのは、「挑戦をやめるとき、初めて失敗が確定する」という言葉です。

それは、ＤＤＩの創業時、次々に襲ってくる困難に私が苦しんでいたときに稲盛さんがかけてくれたものでした。

「失敗というのは成功に届かない状態をいうのではない。もうダメだとあきらめることを失敗というのだ。だから、一度始めたことは石にかじりついてでも、最後までやりとげろ。絶対に途中でサジを投げてはいけない」

そんな言い方で私を鼓舞してくれたのです。

その言葉はけっしてあきらめない不屈の精神を私に植えつけてくれるとともに、私のその後の人生、特に経営者として生きるうえでの重要な指針となりました。

そして、この不屈の心と、先ほどの利他の心は稲盛和夫という人の骨格をなす二つの大きな柱でもあった。私はそんなふうに考えています。

経営や仕事の場面においても、適切な言葉がいかに人を鼓舞したり、慰撫《いぶ》したりするものか。あるいは逆に、言葉一つの使い方によって、人の意欲を削《そ》ぎ、そのやる気を奪ってしまうものか。

私たちにあるべき姿を示し、私たちをあるべきところへ導いてくれるのもまた言葉ではないか。そんなふうに私は、言葉の果たす役割がきわめて大きいものであることを、ビジネスの場面において何度も実感してきたのです。

もっとも、ＤＤＩ時代、稲盛さんからは叱られたり怒られたりすることのほうがずっと多く、「おまえは、いったい何を考えているんだ！」などとなんべん怒鳴られたかわかりません。

当時は稲盛さんご自身もまだ若く、経営者として血気さかんな頃でしたから、喜怒哀楽もひときわ激しく、いったん怒るとなると、それこそ部下が震えあがるような爆発的な勢いで叱りつけたものです。

使う言葉も、「さっさと部屋から出ていけ！　二度と戻ってくるな！」といったような厳しく辛らつなものでした。けれども、それで叱られた部下に反発や反抗心が生じるかというと、そういうことはほとんどなく、いったんはシュンとしょげるものの、「なるほど会長のいうとおりだな」と妙に納得させられてしまうのです。

理由は明確で、稲盛さんはけっして理不尽な叱り方をせず、あくまで手落ちは叱られるほうにあって、その不備を指摘されていることがよくわかるからです。

私情で怒りをぶつけているのではなく、こちらのためを思って叱っていることがきちんと伝わってくるのです。

それから、稲盛さんは本気、ど真剣、全身全霊で叱りました。だから、その激しい怒りの言葉には稲盛さんの全体重が乗り、体温が通っていました。嘘いつわりのない純粋な情熱が言葉にみっしりこもっているので、こちらもそこに有無をいわせない説得力を感じるのです。

当時はよくわかりませんでしたが、私も自分が経営者となってからは、「ああ、あのときの稲盛さんはこういう気持ちで部下を叱っていたんだな。こんな理由があって、あんな激しい言葉で怒ったんだな」ということが理解できるようになりました。

ですから、私も稲盛さんにはおよばずとも、できるだけ体重の乗った、体温のこもった言葉で部下に接したいと心がけているつもりです。

いい言葉がいい結果を生む起点となる

言葉の大切さについては、以前こういうことがありました。ＤＤＩを辞めて、「イー・アクセス」という会社をつくり、ブロードバンドによるインターネットサービスを日本国内に広く提供する新ビジネスを始めたときのことです。

ＡＤＳＬの回線サービスを有料提供する事業でしたが、私たちがそれを開始すると加入者はあっというまに増加して、短期間のうちに会社も急成長していきました。

私も十分すぎる手応えを感じて、この新ビジネスと新会社の将来にきわめて有望な未来図を描いていた矢先、まったく計算外の〝事件〟が起こりました。あの孫正義さん率いるソフトバンクが同じＡＤＳＬサービス分野に新規参入してきたのです。

しかも、彼らは「価格破壊」と称して、そのサービスを常識外の低料金で始めることを発表しました。その金額というのが、サービスの月額料金が五千～六千円程度が一般的であったときに、なんと半額以下の二千二百円。

私たちの会社が設定する料金の原価にも満たない安さで、加えて、ご記憶の人もいるかもしれませんが、彼らは専用のモデムを駅の構内などで利用者に無料で配るという、これまた衝撃的な戦略に出たのです。

これには私も黒船来航のようなショックを受け、その日、会社内にも大きな動揺が走りました。

「この余波で、うちの会社はつぶれてしまうんじゃないか」――事業のコスト構造をよく知る者ほど衝撃は大きく、パニックに近い空気が社員たちを支配しました。

会社をつくって一年にも満たない時期で、スタートアップ資金こそ私が海外から調達していましたが、社内にまだ利益の蓄積は乏しく、有効な対応策などまったく見つかりません。

ＣＥＯである私自身、絶望的な気持ちに追い込まれました。半額という破壊的な料金設定は私が描いていたビジネスプランを根底から崩してしまうものだったからです。そのプランを私は細部にいたるまで精緻に設計していましたから、よけいにその崩壊の度合いも衝撃も大きいものでした。

私は眠れない夜を過ごしました。それは人生でいちばん長い夜で、ひと晩じゅうまんじりともせずベッドに座り込んで、いっきに十年ほども老け込んだような気になりました。

しかし、夜が明けたとき、私は心を決めていました。それで翌朝、出社するとすぐに社員を集めて、ことさら明るい表情と声で次のような話をしたのです。

「昨日、孫さんたちがもたらしてくれたグッドニュースには、みんなも驚いたことだろう。二千円台の料金など、正直、私も想像にもおよばなかった。ピンチといえば、これ以上の危機はないかもしれない。しかし、価格が安ければ、それだけ利用者へのアピールになるし、商品の普及スピードにも加速がつくということだ。ＡＤＳＬ事業の市場への浸透にしても、三年かかるところが一年ですむかもしれない。売り値が二千円台なら、それを実現できるコスト構造をゼロから構築しようじゃないか。孫さんのところにできて、われわれにできないはずがない。ピンチはチャンス。天はすばらしい機会をわれわれに与えてくれたのだ」

こんなふうにポジティブな言葉を選んで、これ以上はないようなバッドニュースについて、あえて気概のこもった明るい口調で語りかけました。社員のなかには「社長はショックでおかしくなったのか」と思った人もいたかもしれません。

しかし、この言葉を契機に、社員の目の色が変わり、事態も好転していきました。半額以下の料金を実現すべく、すべての部署で徹底的なコストの洗い直しが始まり、組織が一丸となって知恵を絞るなかから、従来とはまったく異なる低コストの事業構造の再構築が可能となっていったからです。

むろん、それは乾いた雑巾をさらに絞るような厳しい作業の連続でしたが、そのおかげでぜい肉がとれて、それからわずか一年後には株式上場を達成するほど、より引き締まった筋肉質の経営体質が実現できたのです。

また、孫さんたちが低価格で参入してくれたせいで、市場に激しくも健全な競争が起こり、互いに切磋琢磨するなかで、日本のＡＤＳＬ市場全体が急拡大して、同市場は世界でも有数の開かれたマーケットにもなっていきました。

前向きのポジティブな言葉が転機となって、私たちに飛躍的な成長をうながす要因となることを知った出来事であり、この点で、私は孫さんが与えてくれた、あのときの強すぎるインパクトにいまでは深く感謝しています。

「いい言葉」ほど大切なものはありません。まず言葉があって、行動がついてくるのです。

若いときから才能があふれていたカリスマ経営者

ちなみに、孫さんのこの破壊的な格安料金のアイデアはどうやら、私たちがＤＤＩでやった識別番号を自動変換するアダプターをただで配る方法にあやかったフシがあります。

というのは、孫さんも当時、同様のアダプターの開発を手がけており、その製品をＤＤＩに売り込みに来たこともあったからです（結果的に採用にはいたりませんでしたが）。

そんな経緯もあって、彼が私たちのやり方をつぶさに観察して、のちにその手法を大いに参考にした――ということは十分に考えられることなのです。

実は、孫さんとはそれ以前から面識があって、最初の対面は私がまだ電電公社にいた頃のことでした。

彼がソフトバンク最初の事業であるパソコンのソフトウェアの流通事業を立ち上げ

たときに、私はうわさを聞きつけて、そのリテールショップまでわざわざ会いにいったのです。

当時の孫さんはまだ二十代前半の若者でしたが、にこやかな笑顔を絶やさない魅力ある人物で、自分が始めた新事業の意義や展望を話す弁舌もきわめてなめらかで説得力に富んでいました。

「とんでもなく頭のいい人が出てきたな」――それが、私の第一印象でした。

その後、孫さんがたどった大成長の足跡はみなさんよくご存じのとおりです。イギリスのボーダフォンを買収したり中国のアリババに出資したり、あるいはプロ野球の球団を傘下に加えたり、周囲をあっと驚かせるような事業戦略を次々に仕掛けて、いまや日本を代表するスター経営者の地位を確たるものとしています。

彼の事業手法は、自らが先陣を切って新しい事業を起こすよりも、有望な事業の買収を重ねることによって規模の拡大を図ることに重点を置いたものですが、次にくるメガトレンドを的確に見抜くするどい視点、スケールの大きい発想、ダイナミックな経営手法、果敢なリスクテイク。さらには、さまざまな障害をものともせず突き進むバイタリティ、ゲームチェンジャー的な大胆な行動力……。

どの能力も一級品で、さまざまな意味で、これまでの日本企業の枠にとらわれない新しいタイプの事業家であることは間違いありません。

私個人にとっても長年の事業ライバルとして、あるいはM&Aの交渉相手として、ひじょうに手ごわい人物であったのは事実で、その点からも私は孫さんを希代の起業家として高く評価しています。

話が少しそれましたが、いずれにせよ数字がものをいう経営の世界にあっても、言葉がもつ影響力や波及力には、私たちが考える以上に大きなものがあるのです。

「思考に気をつけなさい、いつか言葉になるから。言葉に気をつけなさい、いつか行動になるから。行動に気をつけなさい、いつか習慣になるから。習慣に気をつけなさい、いつか性格になるから。性格に気をつけなさい、いつか運命になるから」

聖女マザー・テレサの言葉です。私たちが使う言葉が私たちの運命をかたちづくり、変えていくきっかけともなりうる。いい結果は、いい言葉を起点にもたらされるものなのです。

私たちの人生において、言葉は思っている以上の力と役割を果たしています。どんな場面にあっても、できるだけいい言葉を、いい感情、いい思いで発していきたいものです。

第3章

最初に飛び込むペンギンとなれ

最初に水に飛び込む「ファーストペンギン」になれるか

ファーストペンギンという言葉を聞いたことがあるでしょう。ペンギンはつねに群れをつくって行動する動物ですが、集団を統率するボスやリーダーは存在しないといわれます。

それでは、なぜペンギンは隊列を組んで移動したりするなどの整然とした集団行動ができるのでしょうか。それは、最初に行動をとった一羽にみんなが従うという習性があるからだといわれます。

エサをとりに海に飛び込むときも同じで、群れは互いにけん制するような仕草を見せるだけで、最初の一羽が飛び込むまで行動を起こさない。

逆にいえば、シャチやヒョウアザラシといった天敵がいるかもしれない未知の海にまっさきに飛び込む一羽、すなわち〝ファーストペンギン〟の勇気、果敢なチャレンジ精神、そのベンチャースピリットは、称えられてしかるべきものなのです。

自分がエサにされてしまうリスクや恐怖を克服して、エイヤッと未知の世界に飛び込むのは危険で破壊的な決断でもあります。しかし、それが成功すれば、いち早く利益を得られるメリットがある。

また、集団にさきがけてリスクテイクするファーストペンギンは、その行動をあと追いするその他大勢よりもさらに、大きな成長の機会を得られる存在でもあります。なぜなら、未知の世界を経験することはクオンタムリープ＝飛躍的成長の条件の一つであり、危険を恐れず、果敢に挑戦することが大きな成長への飛躍台となるからです。

電電公社を辞めてＤＤＩをつくったときの私は、未知の冷たい海に最初に飛び込むファーストペンギンだったといえるかもしれません。

三十万人いた社員の中で、ＮＴＴというエスタブリッシュメントが既得権益を独占する市場のいびつさや危機を認識していた優秀な人は他にもかなりいたはずなのに、その組織の外へ出て、新しいアクションを起こしたのは、けっきょく私一人だけだったのですから。

西洋のことわざに「卵を割らないとオムレツはつくれない」というのがありますが、私はその卵を最初に割ったおっちょこちょいのピエロであると同時に、勇気あるファーストペンギンであったのかもしれません。

つねに新しい場所でゼロからイチをつくる

DDIでの日々は苦しいことの連続でしたが、いま思えば、ひじょうに起伏に富んだ、中身の濃い、貴重なものでした。

大げさではなく電電公社時代の百倍の振幅で仕事をこなし、アントレプレナーとしての喜怒哀楽も十二分に味わい尽くした体験だったといえます。

ふつうの人生なら、このへんである程度の落ち着きを見せるのでしょうが、私の場合、再び変化の機会がやってきました。

ＤＤＩをつくってから、ちょうど干支《えと》がひとまわりした十二年後、そのＤＤＩを辞めることになったのです。

辞めた理由は一言ではいいにくいものがあります。

一つには、「この会社で自分のすべきことはすべてやり終えたのではないか」という充足感に似た思いが、しだいにふくれあがってきたことです。

ＤＤＩが株式上場を終え、創業十年を迎えた頃から、私は「一つの時代」が終わりつつあるのを感じていました。

当時のＤＤＩはまだ成長途上にある中堅クラスの企業でしたが、事業が軌道に乗り、企業としての安定度がしだいに増してくるにつれて、「起業家としての自分の役割は、この会社のなかではもう果たしてしまったのではないか」という思いが抑えがたくなってきたのです。

何もないところから新しいことを発想し、それを大きくしていく過程、ゼロからイチを生むプロセスに、私はおもしろさや喜びを感じるタイプの人間です。

ＤＤＩの居心地はたしかにすばらしいものでしたが、それだけにその居心地のよさに安住することは、私のなかのベンチャー精神を弱体化させ、私らしさを失わせてしまうのではないか。そんな危機感に近い感情にしばしば襲われることになったのです。

成長とともにＤＤＩの内部も組織的に整備されていき、創業初期の頃の社員全員が立場や部門の別を越えて、同じ一つの目的に向かってありったけの情熱を注ぎ込むといったダイナミズムが徐々に失われつつあったこと。それが、私に少しの物足りなさや寂寥《せきりよう》感を覚えさせていたのも事実でした。

あとは決められたレールの上を決められた速度で走っていけばいい——そんな「居心地のよさ」が、私にはかえって居心地悪く感じられるようになっていたのです。

慶應義塾大学の経営大学院から、「教授として迎えるので、教壇に立ってみないか」というお誘いを受けたのは、そんな頃でした。

アメリカ留学中にはドクターの資格だけでなく助教授のポストも得ていたことから、いっときは向こうの大学で教鞭を執ることも考えたほど、もともと教育に興味はありました。

ベンチャー経営学や起業家育成プログラムといった内容の、座学にとどまらない実践的な経営論を日本の若い学生相手に教えるのもおもしろくて、やりがいや意義のある仕事ではないか——そう考えた私は実業の世界から身をひいて、教育界に転身することを決意したのです。

ＤＤＩを退職したのは一九九五年の年末。私が五十三歳のときで、その退職日は電電公社を辞めた日と同月同日。私なりの区切りのつもりでした。

私のこの転職を、経済新聞が「華麗なる転身」と書いてくれたのも、なつかしい思い出です。

ちなみに私が退職の意思を伝えたとき、稲盛さんは「ああ、そうか」といった反応しか示しませんでした。

これは推測ですが、私が辞めることをなかば予測していたようでもあり、たとえ自分が引き止めたところで私が翻意するような人間ではないことを見抜いていたようでもありました。

私の人生を大転換してくださった稲盛さんに対し、数多くの深い教えをいただいたにもかかわらず、ほとんどといっていいぐらい何のご恩返しもできないまま会社を去ることに、深いお詫びの思いと感謝の念を心に抱きながら、退職の意を申し出ました。

ＤＤＩ内部にはすでに私よりも若い、これからの時代に会社を担う新しい世代の人材が育ってきていました。それはちょうど創業期が終わり、ＤＤＩ第二の季節が幕を開けようとする時期だったのです。

「迷ったら進む」を信条に人生を歩む

留学から起業へ、起業から教育者へ――こんなふうに三つの成長と変化の機会を点で結びながら、私の人生の前半部分は一本の線をかたちづくってきたわけですが、それぞれの機会において、決断に迷いがなかったかといえば、やはりためらいや逡巡《しゅんじゅん》は少なからずありました。

特にＤＤＩを辞めることについてはかなり悩み、迷いました。それまで築いたキャリアやポジションを自らゼロに戻すことへの恐怖感も小さくはなく、簡単に決められることではありませんでした。

みなさんも同じ悩み、迷いにとらわれることがこれまでにあったでしょうし、これからもあるに違いありません。
しかし私は〝行動主義〟の信奉者で、「迷ったら進む」ことを信条にしています。それをすべきかせざるべきか――大きな決断であればあるほど迷いもまた大きくなるものですが、そういうときは原則として、私は非行動ではなく、行動のほうを選ぶようにしているのです。

なぜなら、迷うということのなかにはすでに、必ずといっていいほど意思や可能性が含まれているからです。つまり、人は心の底で「こうしたい」と考えているからこそ、「そうしようかどうか」迷うもの。
そうしたいという意思が隠れているから、そうすることで失敗したらどうしようという具合に悩む。でも意思が行動の側にあるのなら、失敗を恐れず、その意思に従って行動すべきだと思います。

同じように、人はそもそも「できない」ものを「したい」とはあまり思わないものです。はなから実現が望めないものについては、人はやろうとも思わず、やりたいとも願わないものです。

ですから多少の差はあれ、したいと思うことについてはそれができる可能性を私たちは秘めています。可能性があるなら、やはり行動を選ぶべきではないでしょうか。

いくら頭であれこれ思い描いてみても、行動を起こさなければチャンスはつかめませんし、実現の可能性もゼロのままです。

人生で何度かめぐってくるビッグチャンスに対しても、非行動で接してしまえば、せっかくの成長の機会をむざむざ見過ごしてしまうことになるでしょう。

つねにアンテナを張りめぐらせ、フットワークを軽くかまえて、ここぞと思ったときには躊躇《ちゅうちょ》せず行動に移すべきです。そうでなくては幸運や成長の尻尾はつかめません。

現状維持は後退であるというビジネス上の教訓がありますが、もしそうなら、その現状を保つためだけにも少しの前進が必要になってきます。
つねに少し前へ進んでこそ、現状維持も可能になる。すなわち、迷ったら（迷わなくても）一歩でも前へ進まないと、その場にとどまることすらできないのです。

このように、私は行動なくしてチャンスメイクなし、変化や成長なしと考える人間で、一つところにじっくり腰を据えながら人間形成するというよりも、ファーストペンギンよろしく未知の海にまっさきに飛び込んで、その新しい世界で悩み、あがき、苦しむことによって、よくも悪くも人間の土台をつくり、人生の設計図を描いてきました。

そのせいかどうか、せっかく大学に教授の職を得たものの、その安定した地位を数年でまたも辞してしまい、再度、未知の世界へと足を踏み出すことになったのです。

都合四度目のその成長のチャンスは、インターネットの勃興とともにめぐってきました。

インターネットという巨大なイノベーションの波に度肝を抜かれ、私の起業家の血がふつふつと煮えたぎるのを感じたのです。

そこで、今度はＩＴの分野で再び新しいベンチャー企業を立ち上げることになった。もちろん、この起業前後のプロセスにおいても、私は行動の連続でした。

巨額の資金調達をどのように成功させたか

そうしてできたのが「イー・アクセス」です。日本を世界でトップクラスのインターネット環境をもつ国にしたいという動機から設立したのですが、志は立派なものの肝心の事業資金はゼロに等しく、まったく徒手からのスタートでした。

ＤＤＩのときには京セラやソニーなどからの出資がありましたが、今度はそういうスポンサーはどこにも望めません。

志を同じくする共同経営者はエリック・ガンという、イギリスで高等教育を受けた香港人で、ゴールドマン・サックスの日本法人でアナリストをしている俊英でした。私よりも二十歳も若く、むろん彼にも資金の当てなどありません。

互いにポケットマネーを出し合うなどして、なんとか工面したお金が二億円。これでも二人にとっては精いっぱいの大金でしたが、通信事業に打って出るには数十億円単位の資金が必要で、とうてい足りる額ではありません。

いまならベンチャーキャピタルなどの機関投資家から投資を募る手もありますが、当時の日本ではそういった方法はまだ一般的ではなく、私たちは事業資金をどう集めるかという最初の大きな関門の前に立たされることになりました。

しかし、お金がないのは最初から承知のうえでの起業です。必要資金は自分たちの手でかき集めなくてはならないのは自明のことで、頭であれこれ考えるヒマがあったら、まず行動を起こせ——人一倍の行動主義で、私は資金調達に奔走することになったのです。

私はベンチャー企業の成功には、次の三本柱が必要不可欠であると考えています。1．揺るぎないビジネスモデル、2．選《よ》り抜きのマネジメントチーム、3．世界に通用するファイナンシャルプランの三つです。

すぐれた発想やアイデア、事業計画。優秀な能力をもった経営幹部。ある程度の潤沢なお金を継続して調達できる資金計画――この三つのうちのどれが欠けてもダメで、雨後のタケノコほどたくさんのベンチャーが誕生しながら、その大半が失敗に終わってしまうのは、斬新な事業アイデアで成長曲線に乗りかけたものの途中で資金が枯渇してしまったとか、幹部の間に運営方針の食い違いが生じて経営が迷走し、市場や投資家の信用を失ってしまったといったケースがほとんどなのです。

私たちは事業モデルについては自信がありましたし、知り合いなどから優秀で力量ある人材をスカウトしたりして強固なマネジメントチームも形成されつつありましたから、残るはひとえにお金の問題でした。

そこで、私が最初に目をつけたのは、パートナーのエリックの所属していたゴールドマン・サックスです。

エリックの上司である社長とはＤＤＩ時代から親しい間柄でしたから、ちょうど海外で休暇中だという社長に国際電話をかけて、これからエリックとともにつくる新会社に数十億円単位の投資をお願いしたい旨を、いきなり打診したのです。

その答えはさすがに留保つきでした。日本のベンチャー企業に対する不安もあって、自分の一存では決められない。投資の是非はアメリカ本社の最高意思決定機関である投資委員会に諮りたいから、その準備をしてほしいというものでした。

これを聞いて、私は逆に大変なことになったと思いました。世界一の投資銀行であるゴールドマン・サックスの最高意思決定機関の承認を得ようとしたら、やはり世界最高水準レベルのビジネスプランやファイナンシャルプランを用意することが必要になります。

そこに要求される内容の精緻さは、国内投資家向けのそれの比ではありません。その膨大な資料を一定期間内に作成することは、ほとんど試練といっても過言ではないものでした。

それでもスタッフの協力もあり、なんとかつくりあげた資料を持ってニューヨークへ飛んだ私は、まず同社の会長に会って、自分たちの新会社のもつポテンシャルの高さをアピールし、その将来性や信頼性を熱心に説きました。

投資委員会での質疑応答は丸一日にわたって続き、いずれも神経のすり減るほどするどく、かつ細部にわたるもので、そのタフな交渉は一カ月近くも続きました。

その結果、約二十億円の規模の投資が決定されたのです。でも、私はそれだけでは満足しませんでした。続いて、今度は世界一の証券会社であるモルガン・スタンレーに標的を定めたのです。

国際金融市場におけるこの二つのビッグネームから資金を引き出すことができれば、イー・アクセスという新興企業の有望性が世界的に保証されることになるからです。

モルガン・スタンレーでもやはり、最終決定は本社の投資委員会にもち込まれることになり、私は再度ニューヨークまで出向き、前と同様、長い時間を粘り強い交渉と説得に費やしました。そのかいあって、同社からは十数億円の出資を得たのです。

同様に、フランスや香港の投資会社からも出資の承諾を得て、総額で四十五億円の資金を集めることに成功。会社設立からわずか四カ月後という迅速な資金調達ぶりでした。

当時、ITバブルの崩壊で世界の投資意欲が冷めきっているなかで、アメリカのゴールドマン・サックスとモルガン・スタンレーの二大金融機関が投資に応じたというニュースは、私の思惑どおり、イー・アクセスの名をいちやくアメリカに知らしめることにもなりました。

この巨額な資金調達に成功した要因に、正確なマーケット分析とそれに的確に対応する緻密な事業プランがあったのは事実です。

たとえば前にも述べましたが、当時、ブロードバンドの普及率には日米の間でかなりの格差があり、その大きなギャップはそのまま日本市場の豊かな将来性を示していた。そのことを相手に明示しながら説得したことが、出資を引き出す材料の一つにもなったのです。

二番目の説得材料は「人」です。ＤＤＩというベンチャー企業を大成功に導いた、アントレプレナーシップに富むセンモトとエリックがやる新事業なら、投資に値するかもしれない。そんな信頼感を相手に抱かせたことも、やはり出資につながる大きな要因だったと思います。

緻密なビジネスプランも大事ですが、ベンチャー企業への投資というのは、最終的には「誰がやるのか」という「人」で決まる側面がとても強いのです。

そして三番目の決定要因が、スピードある資金調達を可能にした情熱と行動力だと思います。

私はいまでも世界を飛び歩くことを苦にしませんし、ベンチャー企業の経営においてもつねにスピード感を大切にしてきました。

すばやい意思決定、アジャイルな経営、そういうものを可能にする行動力は、ベンチャー企業の経営者には必須の条件なのです。

会社経営だけではありません。みなさんのふだんの仕事においても、たとえば他の人が一週間でやる仕事を三日でやりとげるといったスピード感が、成否を分ける生命線となる場面が少なからずあるはずです。

やろうかやるまいか迷ったら、非行動よりも行動を選ぶことが大事。そもそも打席に立たなければ、ヒットを打つことはもちろん、三振もできないのですから。

内向きの安定志向ばかりでは国は衰退する

この点で少々気がかりに思うのが、いまの日本の若者の内向き志向です。保守的で安定志向が強く、何ごとにも慎重で若者らしい進取の気概に乏しい。賢くておとなしく、行儀もいいが、どこか没個性的で、失敗を必要以上に恐れる——あくまで印象批評にすぎませんが、どうもこんな傾向が強いように思えます。

私には長年親しくしているイギリス人の友人がいますが、その友人の息子さんなどを見ていると、向こうの若者は高校や大学を卒業してもすぐには進学したり、社会へ出たりはしません。半年か一年くらいはバックパックを背負ってインドを貧乏旅行したり、ヒマラヤでヨガの行者に弟子入りしてみたり、見知らぬ異国に長期滞在してみたりと、自ら定めたモラトリアムの時期を活用して、広く世界を見て歩く体験をするケースが多い。
そうやって柔軟な若いうちに見聞を広め、肌感覚で会得した知識や体験をもとに、その後の自分の生き方の軸を確立していこうとする、前向きの旺盛なエネルギーが感じられます。

かたや日本の学生はどうかといえば、そうした個性的な活力や行動力にはやはり乏しいといわざるを得ません。ＳＮＳで世界を見たつもりになっているわけでもないのでしょうが、おしなべて行動範囲は狭く、堅実ですが、小さくまとまっています。
就活のダークスーツに象徴されるように、個性はむしろ抑えて、没個性的な鋳型に自分をはめ込んでいる。横並び意識が強く、集団からはぐれたり目立ったりすることをとても恐れている。そんな内向きで非行動的な印象があるのです。

日本から海外へ留学することも、以前よりは減っているようです。私の時代には、「何でも見てやろう」精神に触発されて、狭い日本を飛び出してアメリカへ行きたい、イギリスをこの目で見てみたいといった、世界への関心や興味を強く抱く海外志向の若者はたくさんいました。

私がアメリカへ留学したのは一九六〇年代のなかばで、当時、アメリカから見れば日本はまだ発展途上のレベルであり、そこから先進国へ渡って大学院で勉強するなどというのは夢物語に近いものがありました。

金銭面でみても一ドル三百六十円の時代。大卒の初任給が二万円くらいのときにアメリカへの片道の航空運賃だけでも七十万円ほどかかるうえ、授業料などは日本円に換算すれば数百万円の大金が必要でした。

そのお金の工面を考えただけでも、アメリカ留学などは夢のまた夢というのが実情だったのです。

通常ならあきらめるほかないところですが、しかし、どうしてもアメリカという先進国で最先端の学問を勉強したいという思いが募って、学費などが免除されるフルブライトの試験を受け、運よく合格したのです。

その大学の授業風景にしても、日米では雲泥の差があります。ハーバード大学で講義をしたときなどは、アメリカの学生はまるで獰猛《どうもう》な野獣が飛びかかってくるような勢いで質問してきます。

それも単なる質問ではなく、「あなたのいっていることは間違っている、私のほうが正しい。なぜなら――」といった具合に自己の主張を堂々と披瀝《ひれき》するのです。

それに比べれば、日本の学生は拍子抜けするほどおとなしく、従順で行儀がいい。「何か質問はありますか?」とうながしても、誰も手を上げないし発言もない。

アメリカの学生ならいちばん前の席を争ってとり合うのに、日本の学生は後ろのほうに固まって静かにノートをとっている。

こういうなかからはやはり、優秀な人材は出てくるのかもしれませんが、冷たい未知の海に最初に飛び込むファーストペンギンは輩出されにくいでしょう。

若い人のことばかりいいましたが、前向きの活力や行動力に欠けるのは日本の社会全体が抱える問題でもあり、私は外界に対する関心の強さと国力のそれとには強い相関関係があると考えています。

日本のこの三十年ほどの経済の低迷や国力の衰退は、日本人の内向きの思考、ダイナミックな行動力の欠如などと深い関連があるはずなのです。

たしかに島国の農耕民族である日本人はもともと、草食動物のような保守的な安定志向をもっていますが、それでも以前は松下幸之助さんをはじめ、本田宗一郎さん、盛田昭夫さん、稲盛和夫さんなど、ハングリー精神に満ち、すぐれた発想と旺盛な活力によって世界的企業への道を切りひらいていったベンチャー起業家が続出しました。

それがいまは、ペンギンどころか、何も行動しないままの〝ゆでガエル状態〟になっている――これが日本という国の現状なら、たしかに懸念すべき危機といえるかもしれません。

「失敗しない」より「挑戦する」が大事

アメリカではこうなのに、日本はこうだからダメだ。外国に比べて日本は決定的に遅れている――こんな外国かぶれの議論の鼻持ちならなさや愚かさはよく承知しているつもりですが、それでもやはり相手にすぐれている点があるなら、それを素直に認めて、見習うべきではないでしょうか。

私はＤＤＩ時代から変わらず、アメリカのいくつかのベンチャー企業とは、社外取締役に就くなどして関係を継続しています。コロナ禍以前は、毎月二度か三度くらいはシリコンバレーへ出張して、向こうの知人とあれこれ話を交わしていました。

そこでよく話題に上るのは、新しく始めた会社や事業の話で、

「今度、電池技術関係のベンチャーをスタートアップさせたよ」

「また、つくったのかい。この間のやつはどうした?」

「ああ、あれならもう売った。どうだい？　新しい会社にきみもひと口乗らないか」
「いまはこっちの役員で忙しいから無理だな」
「じゃあ、エンジェルでいいから投資しろよ」

こんな会話がしょっちゅう交わされており、そこには開放的な活力ともいうべき空気が満ちています。

これらは半分お金儲けの話ですが、もう半分は彼らの価値観の発露でもあって、その根底にはやはり、リスクをとって新しいことを始めることにもっとも価値を置くゼロイチ的なアントレプレナーシップが息づいているのです。

社会のなかに新しい一石を投じる行為。それが彼らにもっとも尊ばれ、賞賛されもする。だから、彼らにとって大事なのは「失敗しない」ことではなく、「挑戦する」ことです。

新しいことにチャレンジすれば当然、失敗することもありますが、しかし、彼らは失敗をそれほど気にしないし、周囲もそれでその人の評価を大きく下げるようなことはしません。彼らがもっとも低い評価を下すのは、失敗を恐れて行動を起こさないことであり、「挑戦したが失敗した」ことは、それよりもずっと評価が高いのです。

だから、失敗した人間でも平気な顔をして私たちの前に現れ、「今度はなんとか成功させるよ」と再チャレンジの意思を堂々と表明する。

失敗を恥と考える日本人なら、「もう失敗したくないから何もせず、おとなしくしていよう」となりがちですが、こういう非行動的な安全策に彼らが高い優先順位を与えることはけっしてありません。

また、先にイー・アクセスの創業時、共同経営者エリックの勤務先であるゴールドマン・サックスの上司（日本法人の社長でアメリカ人）に資金調達をお願いした話をしました。実はこのとき同時に、私はエリックを新会社に引き抜きたいという打診もしていたのです。

もちろん、エリックがまだ同社に在職中のことで、彼はその上司の右腕的存在でもありましたから、そのヘッドハントには上司が大いに難色を示すものとばかり思っていました。ところが意外なことに、その答えは実に寛大で気持ちのいいものだったのです。

「それなら大歓迎だよ」

と間髪をいれず答えたかと思うと、さらに続けて、

「ベンチャー企業の共同創業者がウチの会社から出るなんて、すばらしいじゃないか。センモト、エリックに大きなチャンスを与えてくれて、こっちが感謝したいくらいだよ」

と、まるで自分のことのように喜んでくれたのです。

これには私のほうがびっくりしましたが、こんなところにもチャレンジ意欲に富むベンチャースピリットを何より尊ぶアメリカ人の気質や価値観がよく表れています。

私がもし大企業の経営者で、その安定した大組織に部下を迎え入れたいという話だったとしたら、彼はきっとにべもなく断ってきたに違いありません。

実際、その上司はゴールドマン・サックスの社長でありながら、有名な大企業の幹部と面会することはほとんどなく、会うのは若手の起業家とか新進気鋭のベンチャー企業の社長などが大半でした。

つまり企業の規模や歴史、経営者の年齢などとは関係なく、ただ旺盛なベンチャー精神の持ち主であるかどうか。そのことを基準に面会相手を選んでいるフシがありました。

要するに、彼は名より実をとる、安定よりも挑戦を価値の上位に置くといったタイプの人間なのです。

私が彼と知り合ったのも、私がＤＤＩの事業の屋台骨をなんとか固めようと悪戦苦闘していた頃のことです。

アメリカではそれが当たり前でも、日本の大企業の経営者の間では、彼の評判はもっぱら「変わり者」というものでした。

人にさきがけて挑戦する者、行動する者は最初、世の中からたいてい奇人変人あつかいされるものです。

イーロン・マスク氏が電気自動車を開発したときも、「電池で車を走らせようなんて無理だ。まともな製品がつくれるわけがない」と当初は旧来の自動車メーカーを中心に異端あつかいされました。

私も十年以上前、シリコンバレーに最初に建設されたテスラの工場を見学したことがありますが、シリコンバレーでも土地の値段の高いところに建てられていて、「これで採算がとれるのか」と疑問に思ったものです。

しかし最初は異端だった電気自動車も、いまや脱炭素の動きにも乗って、「電気自動車でなければクルマにあらず」とばかり世界の主流になりつつあります。

こういう大きなゲームチェンジを起こす「破壊的な決断」もむろん、積極的なリスクテイク、果敢な挑戦をいとわないアメリカ流の前向きでパワフルな行動学から生まれてくるものでしょう。

もちろん私は、みなさん全員にイーロン・マスクのような起業家になれ、新しい会社を起こして社会を変えよ、といっているわけではありません。

大切なのは日常的な心がけや考え方で、内向き思考で、当面の安全や安定にこだわり、もっぱら現状維持を図ってばかりいるのでは、自分を大きく変えたり、飛躍的に成長させたりするビッグチャンスを見逃してしまうことになります。

人生を急流逆巻く川だとすれば、溺れずに向こう岸まで渡るのには橋が必要になってきます。多くの人は安全に川を渡れるよう、たくさんの既成の橋のなかからできるだけ大きく、できるだけ頑丈な橋を選ぶのでしょう。かつて就職先に電電公社を選んだ私もそうでした。

しかし本来、人生の橋は自分で築くべきものです。

それがたとえ頼りない丸木橋であっても不安定な吊《つ》り橋であっても、自分独自の橋を自分の力で向こう岸へと架けるために、冷たい水に飛び込んでゼロから行動を起こす。つまり自分の人生は自分の手で切りひらく。

とりわけ若い人には、そうした気概と活力にあふれたチャレンジ精神を忘れてほしくないと思います。

万策尽きたところから「ワンモア・トライ」せよ

私が行動主義のススメを説くのは、困難やピンチというのはたいてい膠着《こうちゃく》状態、つまり物事が固まって動かない状態から発生するものだからです。したがって、そのピンチや困難を解決しようと思うなら、考えるよりも「動く」ことのほうが大切になってきます。

池の水に石を投げ入れれば波紋が広がるように、行動すれば、それだけ流動性が高まって、膠着状態にもヒビが入るなど、何かしらの変化が生じる可能性が出てくる。そこから打開策や解決策のヒントも見えてくるでしょう。

「やってみるのは学ぶことにまさっている」(スイスの哲学者ヒルティの言葉)。動けば、私たちはそれだけ答えに近づくのです。

まして、それが生きたビジネスの世界のことであれば、机の前で理屈をこねまわしていても、いい答えは見つかりません。生きて動いている世間においては、理屈はいつも死んでいます。

デスクまわりで思案の頭をひねるヒマがあったら、現場へ出て自分の目で見る、自分の足で歩く。そんな行動力が必要になってくるのです。

答えは現場にある。最適解は行動から導かれる――私がそう実感するようになった実例を、次に紹介してみましょう。

イー・アクセスの創業資金を巨額の出資でまかなった話は前述しましたが、この資金調達というのは事業の進捗状況に合わせて、第一ラウンド、第二ラウンドと分けて行うのがふつうです。

そのほうがムダな資金を寝かせておかずにすむし、ラウンドが進むにつれて会社の価値も上がっていき、そのぶん資金調達が容易になるからです。

イー・アクセスの場合でも、順調に集めた最初の資金も半年後には底をつくだろうというのが私の見立てでしたから、第二ラウンドの調達についても、早めに国内外の投資機関としっかり交渉を進めていました。

ところが、その頃アメリカでネットバブルが崩壊。それまでの投資熱がいっきに冷めて、予定していた資金調達の見通しが立たなくなってしまったのです。

なかでも痛手だったのは、アメリカの大手投資会社から受けられるはずだった大口の出資がダメになってしまったことでした。

いったんは「出資OK」の返事をもらっていたのですが、直前になって、やはりお金は出せないという拒否通告が届いたのです。


彼らが本国で投資したADSL事業関連のベンチャー企業が破綻の憂き目に遭ったことから、日本で同様の事業をしているイー・アクセスの将来も明るいものではないと判断されたようでした。

アメリカと日本では市場環境が異なっていて、たしかに日本の市場環境は遅れているが、その後進性はかえってこれからの大きな伸びしろを示しているのだ——そういうことを担当者や幹部に縷々《るる》説明しても、判断をひるがえしてはくれません。


私とエリックは途方にくれました。一億、二億のお金ならともかく、必要なのは三十億円規模の投資です。

むろん、いまから別のファンドを探す時間的余裕もありません。このまま手をこまねいていれば、会社は倒産へまっしぐら。深夜のオフィスで二人は顔をつき合わせて必死に打開策を探りました。

最後の手段としてアメリカの本社のトップに直談判する手が残っていましたが、日本法人を通してアポをとろうと何度試みてもとれません。万策尽きたかっこうで、ふつうならここで投げ出してもおかしくないところでした。

「覚悟の座り込み」が起死回生の大逆転を生んだ

しかし、座して死を待つくらいなら、生き残りをかけて「ワンモア・トライをしよう」。可能性があろうとなかろうと、ただ行動あるのみ――これが二人の結論で、私とエリックは確実な当てもないまま、ともかく現場へ出向いてみることにしました。

動かなければ事態に一ミリの変化も与えられないが、動けば何かが起きるかもしれません。私たちは背水の陣で、「行動」に一縷の望みを託すことにしたのです。

投資会社の本社はワシントンＤＣにあり、当時、日本から同地への直行便は一社の独占状態で、航空料金はエコノミーでもとても高いものでした。

こちらは会社の米びつがほとんど空っぽで、その高い料金を払う余裕がありません。そこでエリックの発案で、いったん香港へ渡り、そこから飛ぶことにした。香港からワシントンＤＣへは複数の路線があったからです。

そうすれば、期限つきの格安チケットが直行便の五分の一程度の値段で手に入るのです。そのかわり帰国便が指定されていて、そのために滞在時間は数時間しかない。朝到着して午後にはもう帰国便に乗らなくてはならないという、ハードスケジュールです。

なんとかアメリカに到着し、アポなしのまま本社へ駆け込んで、その場で面談を申し込んだものの、もちろん答えはノーです。

それでも頼み込んでナンバー２との面会をとりつけ、説得を試みました。しかし反応はかんばしくありません。何より、その握手の感触がひどく儀礼的なものでした。

やはりトップに直談判するしかない――私とエリックは非礼を承知で、トップの部屋の前まで行き、そこで彼が出てくるのを待つことにしました。

刃物ではないものの、会社の生死を分ける「真剣さ」をふところに呑《の》んでの待ち伏せです。

三十分、一時間……帰国便の時間が刻々と迫ってくるのに、トップはいっこうに姿を現しません。私はとうとう彼の部屋の前の廊下に座り込みました。

二時間ほどたって、ようやく「待ち人」が部屋から出てきました。私たちの姿を認めて、「まだ、いたのか」という驚いた表情を浮かべた彼に、私は必死の思いで懇願の言葉を連ねました。

「投資を再考していただくために、わざわざ日本からやってきました。格安エコノミーのチケットで来たので、あと二時間しかここにいられません。突然の無礼は承知です。十分でいいから、話を聞いてもらえないでしょうか」

「日本から格安エコノミーで来たって？」

トップはさらに驚いたような顔をして、

「あなた方の熱意は認めるが、もう最上位の投資委員会で決めたことで、それをくつがえすことは難しい。ただ、あなた方の真摯な姿勢に免じて、テン・ミニッツだけ話を聞こう」

部屋へ招き入れられた私たちは、日米のマーケットの違い、ものの考え方の違い、日本におけるＡＤＳＬ事業の有望性などを懸命に説きました。

最初はいかにも義理で聞いているようだった彼も、徐々にソファから身を乗り出してきて、気がつくと説得を始めてから、一時間半が経過していました。

もう部屋を出ないと、帰国便に間に合わない時刻です。

「ぜひ、もう一度、ご検討ください」

私は彼を正面から見つめ、最後の熱意をこめて念を押しました。すると彼は向こうから握手の手を差しのべてきて、

「とても興味深い話でした。再検討することを約束します」

私は日本風にふかぶかと頭を下げながら、彼の手を両手で握り返しました。

帰国後、もたらされた報告は、約三十億円の投資を約束するというものでした。

こうして土壇場までねばった末に、資金繰りが行きづまった倒産の大ピンチを脱出することができたのです。

この虎口を救ったのは、私とエリックのほとんどなりふりかまわない必死の行動でした。もし、あのとき格安のチケットでアメリカへ飛ばなかったら、トップの部屋の前の廊下で二時間待たなかったら——そんな背水の陣を敷いた必死懸命の行動がなかったら、起死回生の結果を引き寄せることはできなかったでしょう。

ちなみに、この話には後日談があって、私たちが再びワシントンＤＣへ出向いて正式契約を交わした一週間後、あの世界を震撼《しんかん》させた９・11の同時多発テロ事件が起き、すべての交渉の流れは凍結されたのです。

ですから、もしあの痛ましい事件が一週間早く起きていたら、契約は白紙になっていたに違いありません。この事業に対する天の導きに似たものを感じるよりほかありませんでした。

人との出会いが人生に新しい水路を開いてくれる

もちろん、行動が思わしくない結果を引き寄せることもあるでしょうが、人生の学校においては、何も動かず現状維持を志向するより、行動の結果の失敗のほうがずっといい教師になると私は思っています。「動くこと」に重大な意味があります。

行動せず、狭い世界のなかで小さくまとまって、「人生こんなところか」と達観するのは私のような老人の仕事で、年をとってからでも十分間に合うことです。

よくいわれるように、やらなくて後悔するより、やって後悔するほうが、生き方としては（泥臭いかもしれませんが）数段上等といえます。

行動が水路を開いてくれるのは、人との出会いでも同じです。あちらこちらへ動けば、それだけたくさんの人と出会うことができます。

たくさんの人と出会うということは、すなわちたくさんの価値観に触れる機会が増えるということです。

反対に、同じところにだけとどまっていたのでは、自分と似たような人間としか出会えないし、同じような価値観にしか触れられません。

会社と家を往復するだけの毎日では、会うのも同じ顔ぶれ、考え方も似たり寄ったりの人間ばかり。そんな狭い器のなかであーでもないこうでもないとやっていても、現状維持がせいぜいで、大きな変化や成長は望めないでしょう。

やはり、私たちは多くの人と出会って、自分の知らない知識や情報を得たり、自分とは異なる意見や考え方に触れたりしながら、いろいろなことを学び、視野を広げ、考えを深めていく存在なのです。

出会う相手のいい点、悪い点、すべてひっくるめて人からさまざまな影響を受け、幅広い豊かな人間関係を築くなかから、自分の生き方の土台をつくり、自分を変えたり成長したりしていく。人間はそういう「関係の動物」であり、したがって多種多様な人間が生きて、うごめいている世間がすなわち私たちの学校なのです。

私も人に導かれてここまで生きてきたという実感が強くあります。人との出会いや縁がすべての出発点で、それがなければ事業の成功もなかったし、人生の充実もありえなかったでしょう。

アメリカ留学中、学生寮で同室になった南部育ちのルームメイトから「damn!」という汚い言葉を投げつけられなかったら、それまでの価値観を百八十度転換して、やがて電電公社を辞めることもなかったでしょうし、もちろん稲盛さんと出会うことがなければＤＤＩをつくることもなかった。

また、エリック・ガンという若い友人と出会っていなければ、私はそのまま大学教授の職にあって、還暦を間近に控えた年齢になってイー・アクセスというベンチャー企業を再び起こすようなこともなかったはずです。

いつも偶然ともいえる人との出会いが、私を飛躍的成長へと導く新しい水路を開いてくれたのです。

このエリックとの出会いについてはちょっとおもしろい話がありますから、そのエピソードもつけ加えておきましょう。

彼は香港に生まれ、中学生の頃にロンドンに渡って、そこで日本語や投資マネジメントを学んだのち、ゴールドマン・サックスに入社したというキャリアの持ち主です。来日後、ＤＤＩに注目したリポートを発表して、通信業界でいちやく脚光を浴びた敏腕アナリストです。

ＤＤＩ時代、私はそのエリックから「センモトに会いたい」という面会の要望を何度も受けていました。彼は通信テクノロジー分野の分析が専門でしたが、そのなかではベンチャー性に富んだＤＤＩの存在が断然おもしろく、将来性も豊かだと感じていて、そのＤＤＩをつくった私に大きな興味を抱いたようでした。

それで「一度お会いしたい」と頻繁にラブコールを送ってきていたのです。

しかし、当時の私は多忙をきわめていたこともあり、何かと理由をつけて、彼のその要望に応えることなく過ごしていました。

そんなとき、私が外国人記者クラブで講演することを聞きつけた彼は、その場にこそアポなしでやってきました。

講演者というのはたいてい講演の直前にトイレに行くものですから、エリックはそれを見越して、トイレの中で私を待ち受けていたのです。

「やっと会えましたね、センモトさん」

これには私も苦笑するほかありませんでした。

しかし話をしてみると、若いのにひじょうにシャープな頭脳の持ち主で、さまざまな状況分析もこっちが舌を巻くほど的確で、本質をとらえています。

日本の通信業界やインターネット環境に関する現状認識についても驚くほど意見が一致し、「一緒に新しい会社をつくろう」と意気投合するまでに、それほど時間はかかりませんでした。

興味をもった人間をトイレで待ち伏せするところなどは、彼もまた行動の人で、私も彼に影響を与えたが、彼もまた私に少なからぬ好影響を与えてくれました。

こんなふうに人との出会いが、それまで思ってもみなかった成長や変化の機会を私たちに与えてくれるとともに、私たちはそのチャンスをつかむことで自分の人生を豊かで実り多いものにできる。

だから、ふだんとは異なる世界にできるだけ足を向け、いろいろな人とたくさんの出会いを重ねること――私はそんな行動主義のススメを飽くことなく説くのです。

「ダメだ」とあきらめたときに失敗が確定する

行動や挑戦が失敗を招くこともあると述べましたが、私の起業家、事業家としてのキャリアは、正直にいってその大半が失敗の連続だったといっても過言ではありません。

世間の成功者がやはり同じような感慨をもらすことがあって、「失敗よりも成功のほうが少しだけ多かった」、その成功と失敗のわずかな差がいまの自分をつくっている、自分はラッキーだったなどといいます。

しかし、私の場合、そんなものではありません。やってきたことの九割は失敗で、ＤＤＩでもイー・アクセスでも数えきれないほどの失敗をおかしています。十の布石を打ったとしたら、そのうちの九は一瞬の花火のように闇のなかへ消えていったのです。

だから私の通ってきた道には、失敗というしかばねが累々と積もっており、その上にかろうじて一つの成功が息を継いでいる。まさにそんな具合です。

本田宗一郎さんが、「現在の私が成功者というなら、その土台を築いたのは失敗である。私のしてきた仕事は失敗の連続であった」といっていますが、私にとって、こんなに実感が胸に迫ってくる言葉もめずらしいのです。

こういうと、「いくつかのベンチャーを成功させているんだから、やはり成功者の部類でしょう」となぐさめてくれる（？）人もいますが、私の自己評価は「連続失敗者」に近いものであり、ただ、その失敗を失敗として確定させない粘り強さがあったということはいえるかもしれません。

たとえば先述した、資金繰りの大ピンチに格安チケットでアメリカへ飛び、投資会社のトップに会うまで二時間廊下で待ったしぶとい粘りなどは、その典型例といえそうです。

稲盛さんが、ＤＤＩの苦しい時期に、「一度始めたことはあきらめるな、石にかじりついてでもやり抜け」と声をかけてくれたのも、この成功と失敗の微妙な関係を示しています。要するに、失敗というのは「もうダメだ」とあきらめたときに初めて確定するものなのです。

一度や二度の挫折にめげず、うまくいくまで何度もチャレンジする。その挑戦をやめないうちは、失敗も成功までのプロセスにすぎず、挑戦し続けていれば、山のように積み重なった失敗の間の隘路《あいろ》に、やがて成功へといたる何かしらの打開策や解決策がひと筋見えてくるはずなのです。

その意味で、「成功とは成功するまで続けること」。これは松下幸之助さんの言葉ですが、これまた至言といっていいでしょう。

ちなみに、私はすでに八十歳を迎えた高齢者ですが、こんな年齢になってもまだ新しい失敗をしています。そのことについても、次に書いておきましょう。

成功からより失敗から学ぶほうが大きい

十年ほど前、ある考えがあって、私は自分が立ち上げ、大きくしたイー・アクセスの事業を売却しました。

その後、しばらく「浪人生活」をしていましたが、やはり新しい人との出会いがあったのをきっかけに、いまの私は再生可能エネルギーを利用した電力事業を手がけるベンチャー企業の経営に参加しています。

エネルギー問題、それも従来のような化石燃料に頼らない自然エネルギーを、いかに人間の生活や経済活動のなかに組み入れて拡大、普及させていくか――この脱炭素の問題が日本のみならず、地球と地域での差しせまった課題であることは、多くの人が実感しているところでしょう。
私自身、かつて大学で教鞭を執っていた一九九〇年代後半に、学生と一緒にエコ・パワーという風力発電の会社を起業したほどですから、SDGsの観点から見た再生可能エネルギーの重要性、あるいはその事業としての可能性は以前からよく認識していたつもりです。

通信業界で忙しい日々を送っていたこともあって、いったんはそのエネルギー問題から遠ざかっていたのですが、二〇一一年の東日本大震災の直後、エコ・パワーの取締役だった眞鍋修一さんを介して再生可能エネルギーの普及に意欲を燃やす若い起業家と出会いました。それが、レノバを立ち上げた木南陽介さんでした。

プラスチックのリサイクル事業から始まったレノバは、本格的に再生可能エネルギー事業に参入しようとしていました。
木南さんの並々ならぬ情熱にほだされ、社外取締役に就任した私は、やがて会長として組織の運営にもたずさわることになったのです。

会社での私の役割は、若い経営陣に経営上のさまざまなアドバイスを行う指南役のようなものです。しかし、心づもりとしてはＤＤＩ、イー・アクセスに続く三度目のスタートアップに乗り出したのと変わらず、この会社をさらに確かな成長軌道に乗せるべく、自分のもてる力、情熱を精いっぱい注ぎ込んでいるつもりです。

レノバではバイオマス、太陽光、風力、地熱、水力など、多種類の自然エネルギーを利用した発電事業を行っていますが、なかでもいちばん重点を置いてきたのは洋上風力発電、すなわち海の上に浮かべた巨大なプロペラを自然の風力で回して発電する事業です。

これを秋田県の由利本荘市の沖合いにつくる大きな公的プロジェクトがあり、私たちは数年前から業界にさきがけてその計画を進めてきました。

自然エネルギーの開発というのは、地元の理解がきわめて大切になってきます。そこで私たちも、ただたんに洋上に発電装置を建設するだけではなく、周辺の漁業や沿岸部の住民生活への影響を優先事項に考えながら、地元と共存共栄できる方法を同時に探ってきました。

住民との地道な対話を数年にわたって何百回と重ね、人口減で漁獲量の減少や漁業の後継者不足に悩む地元の振興策となる手だてとして、発電装置の根もとを魚の住む漁礁にするアイデアを提供するなど、私たちの事業が地域の再活性化にもつながっていく道を懸命に模索してきたのです。

その結果、最初は反対が多かった住民の方々のなかにも、「あんたがたの事業にならら協力を惜しまないよ」という賛同や応援の声が増えてきて、しだいに地元との信頼関係も深いものになっていきました。

そんなことから、このプロジェクトを正式に請け負う事業者の候補として、私たちレノバという新進ベンチャー企業がもっとも有望視されるようになっていたのです。

　ところが、正式な事業者を決める公募入札が行われた結果、レノバはその選にもれてしまいました。落札したのは大手の商社グループで、彼らは潤沢な資本にまかせて、私たちの半額という破格の値段で入札、事業者の資格をもっていってしまったのです。

　私は、かつて孫正義さんがやはりイー・アクセスの半額以下の利用料をひっさげてＡＤＳＬ事業に参入してきた価格破壊の〝事件〟を思い出しました。

　理由はどうであれ、またあれと似たような失敗をくり返してしまった――私も大きな衝撃を受けましたが、これまでの数年間の努力が水泡に帰した経営陣、社員の落胆も相当なもので、会社は一時、経営的にもどん底に近い状態まで落ち込んでしまいました。

　私は失敗の原因を考えました。大資本に太刀打ちできない資金力の差という不可抗力もあるが、私たちのなかにもスキや油断はなかったか。周囲からもっとも有望だといわれ、自分たちもその気になって、知らずしらずのうちに鼻を高くしていなかったか。公募落選はそのおごりへ下された鉄槌《てっつい》ではなかったか。

私はそんなふうに自戒し、経営陣にもそう忠告して、いまはこの失敗からの挽回策《ばんかいさく》を練り、実行に移しています。

社内の内部体制の見直しや経費削減を図るなどして経営体質をより強化し、もう一度、原点に戻って事業のやり直しに努め、いまや新しい戦略を構築し、着々と再出発の歩みを固めています。

つまり、私たちはここで失敗を確定させてしまうのではなく、次の成功に向けてこの失敗を肥やしにすべくあらためて事業に注力している。人や会社の力量や器量というものは失敗したときにこそ本当に試されるものだからです。

このように失敗には必ず栄養豊かな教訓が含まれていますから、そこから学べることは少なくありません。

私たちは成功よりも失敗から多くを学ぶものです。というより、私の実感からいえば、人は失敗からしか学べません。失敗こそは「学びの漁礁」であって、その教訓を次に生かすことができれば、むしろ失敗はしたほうがいいのです。

いずれにしても、成功と失敗はあざなえる縄のごとし。苦い失敗の経験から次の成功をたぐり寄せ、その成功の美酒に酔って次の失敗の種をまく。仕事や経営、あるいは人生においても、私たちはその二つを交互にくり返しながら、だんだんと大きく成長していく存在のようです。

ファーストペンギンたれ、失敗を恐れずに

とにかく私がとりわけ若い人にいいたいのは、失敗を恐れず「ファーストペンギンたれ！」ということに尽きます。他にさきがけてリスクをとり、最初に一歩を踏み出すファーストペンギンの勇気をもて。私はそういいたいのです。

人間は運命という大きな流れのなかで、ときにその流れに翻弄されて衰運の波にも

まれたり、ときには上げ潮に乗って盛運をつかんだりしながら生きていく動物ですが、そこに自分の意思をたしかに働かせることもできます。

七割はもって生まれた運命の流れに従うとしても、残りの三割は自分の自由意思で決断、実行して自分の人生を切りひらいていくことができる。この数字の妥当性はともかく、何をどう決断し、実行していくかは大きな運命の流れとは別のところで、ある程度自分の意思にまかされているのです。

私もまた、その意思に従って電電公社を辞めて、DDIをつくるという道を選びました。電電公社という大企業のなかに安住することをいさぎよしとせず、社員三十万人という大組織のなかから最初に未知の海に飛び込む、たった一人のファーストペンギンとなった過去があるのです。

その決断を私は少しも後悔していませんし、私にとって正しい選択だったという自負があります。

いくら頭で考えていても、心で思っていても、行動しなければ何も為しえません。賢く利口な人ほど、行きつく結果の不確かさ、途中のプロセスの苦労を先まわりして予測し、行動に移すことを躊躇しますが、人間はアクションをとらないかぎり、何も見えてこないし、何もわからないし、何もつかめません。どんなにすばらしいことを考えていても、行動しなければ、それを一つの形ある成果として具現化できないのです。

だから、ファーストペンギンの精神を発揮して、いまいる場所だけにとどまらず、どこへでも出かけ、何でも見て、誰とでも会って、知識や見聞を広める。そして、自分にできること、自分にしかできないことにチャレンジする。そういうことが何よりも大事になってきます。

すなわち、「世界を自分の足で歩き、自分の目で見よ」――それが私が若い人たちに伝えたい第一のことなのです。

第二には、「よい心、すぐれた価値観、高い視座をもつ人を見つけたら、なるべくその人のそばにいろ」ということです。そうした高いエネルギーレベルをもつ人のそばにいると、自分のエネルギーレベルも自然と上がっていくからです。

第三には、「大欲をもて」。人間はどこまでいっても欲望から自由になれない生きものですが、どうせなら、小さな欲ではなく大きな欲をもったほうがいい。我欲を満たすだけの目先の利益などにはこだわらず、地球サイズの規模で物事をとらえて、たとえば世のため、人のために働く。そんな大きな欲を抱くことが大切なのです。

こうしたことをつねに心がけて、行動していれば、誰もがきっと飛躍的な成長を遂げるクオンタムリープの瞬間をつかむことができるでしょうし、それによって自分の心や魂を磨き、人生を輝かせることができるはずなのです。

第4章

利他の心で生かされ生きる

反省と感謝を毎日の習慣とする

毎日の習慣の一つとして、私は寝る前の十分間くらい、心を鎮めて自分と向き合う時間をとるようにしています。

その日起こった出来事や出会った人たち、そのときの自分の発言や態度や行動。そういうものを思い返して、互いにいい時間を過ごせたのであれば感謝し、自分の言動にいたらない点や不足があれば大いに反省する。そんな振り返りの時間を短いながら設けているのです。

私はいまにいたるまで失敗や間違いが多く、まだまだ未熟で、毎日反省することが多いので、そうであってはならない、少しでもましな人間でありたいと自分をいましめる意味をこめて、反省と感謝の時間をもつよう心がけているのです。

そうでもしないと、私のような人間はいいことがあればすぐに増長し、悪いことがあればすぐに意気消沈する。そんなエゴや俗っぽさに振りまわされる軽薄な人生を送ってしまいそうなのです。

前章の終わりで私のしてきたことの九割は失敗だったと書きました。だから、昔もいまも、私には反省すべきこと、あらためるべきことが山積しています。

そのほんの一例を挙げると、イー・アクセスを売却したことについても、いまでもある一つの悔いが心から消えません。

実は私はエリックとともにつくった同社を創業十年くらいで手放しています。売却の相手は孫正義さんのソフトバンク。かつてＡＤＳＬ事業に価格破壊を起こして私たちの経営を苦しめ、その後、双方ともモバイル事業に参入して、長くよきライバルとして競ってきた「因縁」の相手です（売却後、イー・アクセスのデータ通信事業はワイモバイルとなっています）。

当時、そのモバイル事業が急拡大していた時期に、孫さんのほうから「一緒になりませんか」と経営統合をもちかけられたのが、会社売却のきっかけでした。

もちろん、ゼロイチで育てあげた企業をよその会社に売るのは物理的にも心情的にも簡単なことではありません。

いくら相手から請われた話とはいえ、一国一城の主《あるじ》の座をライバルに譲り渡すわけで、大いに迷いもあれば、「惜しい」という未練の気持ちも小さくありませんでした。

しかし、事業の将来的な可能性や株主の意向など、いろいろな事情を思量した熟慮のすえ、孫さんのグループに売ることが最善の策だという結論に達したのです。

いまでも、その判断に間違いはなかったと考えていますし、経営者としての私利私欲も混ぜていなかったつもりですが、ただ一つ心に残る反省点があるとすれば、売却に関する社員への説明は十分だったかということです。

むろん、M&Aにおいて問題になりやすい社員の処遇については、ソフトバンクの社員と同等以上の待遇を用意する、売却後三年間の雇用を保証するといった条件をきちんとつけて、売却の前と後で社員の処遇面での大きな変動がないよう、その身分の保全に精いっぱい努めたつもりです。

けれども、それでもなお、「おまえは会社を売るにあたって、経営者として本当に社員一人ひとりの生活や家族のことまで考えて判断を下したか。大事な働く仲間に対して心をこめ、言葉を尽くして、誠意ある対応や説明をしたか」と問われれば、正直、いま一つ胸を張ることができない気持ちが残っています。

社員に対しては、それなりに誠実なメッセージは出したつもりです。しかし売却の理由やこちらの真意、会社を売ることへの詫びや申し訳なさなどを、すべての社員にもっとていねいに説明する機会を設けて、ライバル会社に移動しなければならない彼らの動揺や不安をとりのぞき、十分な納得や同意を得るべきだったのではないか。

売却にあたっては当然、私は孫さんとのタフなネゴシエーションに多くの時間と労力を費やしましたが、それ以上のエネルギーや誠意をもって働く仲間である社員に接し、彼らとの感情や思いの共有に力を尽くすべきだったのではないか。そんな後悔の念がいまだに私の胸に巣食っているのです。

元経営者の私がいうのもなんですが、イー・アクセスは社員が辞めない、本当にいい会社でした。

また、同社で働いていた社員のなかには、もう一度私のもとで働きたいと希望して、いま私が会長を務めるレノバへわざわざ転職してきた人もいます。

それだけになおさら、イー・アクセスという会社を売るにあたっては、社員のみんなと互いに心をつき合わせながら、私の思いを言葉を尽くして説明すべきだったと思うことしきりなのです。

たどりつけなくても近づこうとする思いが尊い

同じような反省の念は、それより以前、電電公社を辞めたときにも感じたことがあります。

自分がファーストペンギンとなって電電公社を飛び出したことに後悔はないし、その判断も正しかったと思いますが、それでもやはり、それまで一緒に働いてきたすばらしい当時の仲間には迷惑をかけた、申し訳ないことをしたという懺悔《ざんげ》の思いがいまでもあとをひいています。

私は当時の電電公社の独占体制を崩して、社会のため、国民のために安い電話料金を実現するんだという一途な思いでＤＤＩをつくったのですが、それは半面、電電公社で働いている人にとっては足もとをおびやかし、不利益をもたらす、はた迷惑な行為でもあって、彼らから「あいつ、一人で勝手なことしやがって——」という反感を買っても致し方ない面がありました。

まして、私の知っていた電電公社の職員は優秀なだけでなく、みんな真面目でいい人ばかりでしたから、よけいに私は自分の行動を後ろめたく感じることがあったのです。

たとえそれが「正義」の行為であっても、心情的には「おれは仲間を出し抜いたんだ」という痛みがいまでも心にトゲとなって残っています。

ＤＤＩ時代、何がきっかけであったかは忘れましたが、こういう反省ばかりの自分の未熟さを、相談かたがた稲盛さんに打ちあけたことがありました。

「私は失敗や間違いばかりを性懲りもなくくり返す未熟者です。稲盛さんは仏教の勉強もされて、ご自分の哲学というものもちゃんと確立されておられる。人としてあるべき姿、進むべき道を日頃から私たちにも教えてくれます。どうしたら、そういう高い境地へ行けるんでしょうか」

いつもストイックに身を律しているような人格者の稲盛さんから何かよいアドバイスをもらえるのではないかと思ったのです。ところが、稲盛さんは苦笑いしながら、いつもよりくだけた口調で、こんなことを答えられました。

「いや、おれだって、全然できてないんだよ。口ではたいそうなこと、立派なことを話していても、実際には、額に飾ってあるだけで行動がともなっていないことが多い。高い境地どころか、おれだって煩悩のかたまりだ。欲も得もあれば、間違いも失敗もある。仏教ふうにいえば、いずれも『救いがたき衆生』だ」

「でも、それだけではいけない、このままじゃいけないという気持ちも人一倍ある。人間はそこが大事なのではないか。つまり、なかなか実行できないけれども、それでもなんとか実現しようとくり返し努力することが」

「高い目標をもつ、高邁《こうまい》な志を立てる。当然、そこまではなかなか届かない。でも、高い山の頂をめざして一歩ずつ登っていく。なかなかたどりつけないと知りながらも、山頂に一歩でも近づこうとする心がけや努力。たゆまない生き方。それこそが尊いのではないだろうか」

自分にいい聞かせるように、あるいは聞いている私を諭すように、稲盛さんはそういいました。このつぶやきに近い言葉は、私のなかにいまでも鮮烈な印象をもって残っています。後年、同じ意味のことを稲盛さんは著書のなかで、もっと端的に述べています。

「そうであろうと努めながら、ついにそうであることはできない。しかし、そうであろうと努めること、それ自体が尊いのだ」

つまり、目標を達成することも立派だが、それ以上に、達成しようと努力する過程が尊いということです。さらには、かりに最終的にそうであることはできなくても、なお、そうであろうと努めることによって、人間は未熟、未完のまま救われるのです。

これは私にとって、するどく心に刺さる言葉であると同時に、いまなお大きな心の救いとなっている、とても大切な言葉なのです。

大きく迷う人ほど大きく悟るという教え

そういわれれば、稲盛さん自身も、けっして最初から後年のような完成された立派な経営者ではなかったのではないかと思われます。人格的にも未熟な点を少なからず抱えていたでしょうし、たくさん失敗もしてきたに違いありません。

たとえば前にも述べましたが、ＤＤＩ時代の稲盛さんにはかなり感情の起伏が激しいところがありました。

部下を叱るときなども、その怒り方といったら本当にすさまじく、まるで獅子《しし》がたてがみを逆立てて吠《ほ》えるように尋常ではない怒りをあらわにして、全身をわななかせながら部下を叱りつける。内心にたぎる熱量を手加減なくそのまま相手に浴びせる。

そんなふうに――失礼ながら――経営者としてはちょっと粗けずりで、激しいところもあったように思えます。

しかし、京セラやＫＤＤＩなどにおいて多様な仕事や経営を経験していく過程で、やはりいろいろな失敗や間違いをおかしては「これではいかん」と反省し、「もう二度とすまい」と自戒し、「今後はこうしていこう」と言動をあらためる。

こういうことを何度もくり返しながら、だんだんと心を高め、人格を練り、人間としても経営者としても大きく成長、成熟していったはずなのです。

後年の稲盛さんは得度を受けて仏門の一員に加わるほどに円熟味を増していきましたが、そこへいたるまで、あるいはそれ以降も、俗界での経営の仕事をそのまま自分の修練の場として、それこそ山頂へ一歩一歩近づくように、少しずつ人格を研磨していった。それと同時に、その経営思想も「稲盛哲学」といわれるまで完成度を高めていった。

そうした稲盛和夫という人物のありようは、そうしたご自分の心にノミを振るうような厳しい精神的鍛錬のたまものであって、当たり前のことながら稲盛さんといえども、初めから人格者、名経営者としてできあがっていたわけではないのです。

そんな稲盛さんを近くで見ていて、私にも一つわかったことがあります。

それは、のちに大きく成長する人は、けっして若いときから完成された存在ではないということです。

かえって性格的に激しく荒々しいところがあったり、大きな欠点をもっていたりする人が、その欠点を自覚しながら一生懸命仕事に励んだり、人間的成長のために心を律したりしたとき、時間はかかっても、そこに堂々たる大人物が形成される。

ごつごつと粗い岩のような人が日々の修練によってその人間性を陶冶したとき、あたかも彫刻物のように器量の大きな人格者ができあがるのであって、初めから角もほころびもない丸い石のように小さく完成された人は得てして、そのまま振り幅も小さくまとまってしまって、大人物には育ちにくいものなのです。

仏教に「大迷大悟」という言葉があるそうです。大きく迷う人ほど大きく悟るという意味でしょうが、なるほど長所も大きいが、欠点も悩みも迷いも大きい。そんな振幅の激しい人ほど人間としての到達点は高くなるようです。頂上が高い山ほど、すそ野も広いのとよく似ています。

この点、最初からできあがっていて、人間的な振幅に乏しい人物はあまり高い境地には達しない傾向がある。人間の成長、人格の陶冶というものには、そんな逆説的な妙味があって、稲盛さんはこれを地でいった人のように思えます。

私は〝稲盛学校〟の劣等生で、稲盛さんからいろいろな教えや薫陶を受けながら、その百分の一も継承できているかどうか、自信がありません。相変わらず、あの頃とあまり変わらない失敗や間違いもくり返している。

それでも、自分の救いとなるような教えをさまざま授けてもらったことには、筆舌に尽くしがたいほどの深い感謝の念を抱いています。

もう一度お会いして、その感謝の思いとともに、多くの間違いをおかした劣等生だったお詫びをお伝えしたいと思っていましたが、その願いをこの世で果たすことはもうかなわなくなりました。宿題として来世へもちこしです。

――あの頃は失敗ばかりして、ずいぶんご迷惑かけました。当時は教わったことの百分の一も理解していたかどうかもあやしいものでしたが、あれから自分で会社を起こし、企業経営という仕事にたずさわり、その苦しみ、喜びをたくさん経験してみて、あの頃の稲盛さんが何をいおうとしていたのか、何を伝えようとしていたのか、それが血肉にしみ入るように少しは理解できるようになりました。

私は稲盛さんの教えをろくに実行もできなかった劣等生ですが、それでも、あなたのすばらしい経営思想や哲学をわずかなりとも実践できるようにこれからも力を尽くすつもりですし、また、それを後世に一滴でも残せるよう努めるつもりです――

そんな万感の思いをこめてあの世で強く握手を交わすのを、楽しみにしているのです。

利他を優先すればお金はあとからついてくる

その稲盛さんの経営思想の核心が「利他」にあることは何度か述べてきましたが、私たちがこの利他について考えるとき、問題になってくることが一つあります。

それは、世のため、人のために尽くすという利他の心と、自分のためにお金を稼ぎたい（儲けたい）という利己心の両立は可能かという点です。

これは他を利そうとする公欲と自分を利そうとする私欲、あるいは社会性（公益性）とエゴの衝突といいかえてもいいでしょう。

ふつう、この二つは、どちらかを追求すると、もう片方が犠牲になるというトレードオフの関係にあると考えられています。すなわち、利他と利己は善と悪のようにまったく相反するもので、どちらかを選べば、どちらかを捨てなくてはならない。

そして、こんな考え方がまた、利他思想をお花畑のおめでたい考えだとか美辞麗句ばかりの理想論だなどと批判する声にもつながっていくのでしょう。

人はお金を稼がなくては生きていけないし、企業も利益を上げなければ存続できない。そういう厳しい現実世界で、自分の欲や得をあとまわしにして、まず世のため、人のために働けなんて「きれいごと」にすぎない——というわけです。

しかし、私は利己と利他、私欲と公欲はけっして矛盾せず、互いに両立が可能な相関関係にあると考えています。

たとえば、次のような言葉を残した著名人がいます。

「人間は理想とする目標をもたなければならない。金儲けは最悪の目標である。富の崇拝ほどあしき偶像崇拝はない。私は何をやっても徹底せずにはいられない。したがって、人格を高めるような生き方を選ぶように気をつけなければならない。仕事のことで忙殺され、いかにして短期間で多くの金を稼ぐかということばかり考えていると、私は永久に救いようのないほど堕落してしまうに違いない」

誰の言葉だと思いますか。ストイックな学者か哲学者の弁かと思えば、さにあらず。アメリカの実業家で大富豪だったアンドリュー・カーネギーの言葉なのです。

鉄鋼業で莫大な資産を築きながら、金儲けは最悪だとか、人格を高めるべきだとか、とても大富豪とは思えないようなことをいっています。

大金持ちだからこそ口にできることでもありますが、彼はその事業で稼いだ多額のお金を教育・文化分野に寄付をすることなどで大いに社会還元もしています。

後年、「金持ちのまま死ぬのは恥ずべきことだ」ともいっていたように、カーネギーは偉大な鉄鋼王であると同時に、破格の慈善活動家（フィランソロピー）としてもよく知られているのです。

アメリカの経営者というのはこのようなかたちで、一見相反する利己と利他の関係に明確な解答を与え、私欲と公欲の両立を図っているケースが多いようです。

現代ではビル・ゲイツなどがそうで、現役時に稼いだ莫大なお金をリタイア後に基金や財団をつくって社会還元する。企業家と慈善家の時期をはっきり分けて、稼ぐときには貪欲に稼ぎ、しかるべき時期がきたら、その儲けを社会貢献に使って公益に奉仕する。そんな合理的な方法で、私欲と公欲を共存させているのです。

そこへいくと、日本の経営者は総じて慈善家の面に欠けるようです。社会貢献をしていても、そのスケールは小さい。そのせいか、稲盛さんや松下さんのように利己と利他の関係も明確に整理されていない人が多いのです。

そういうおまえはどうなのかといわれれば耳が痛いのですが（小規模ながら千本財団をつくってアジアからの留学生支援を行ってはいますが）、少なくとも利己と利他の関係については、私のなかではもうはっきりと答えが出ています。

それは、「社会の役に立つ仕事をしていれば、お金はあとからついてくる」というものです。利他的な仕事に情熱を燃やして力を注いでいれば、お金という利己や私欲はおのずと満たされる。このことがほとんど普遍的な原則として私のなかに根づいているのです。

これは経験則からくるもので、私はＤＤＩ時代に、まさにその体験を血肉化しました。

稲盛さんのもとで、国民や社会に安い電話料金を提供するために、ほとんど無私の情熱をもって一生懸命に働いた。お金が入ってきたのはその結果であって、初めからお金のために仕事をしていたわけではありませんでした。

それは私だけでなく、一緒に働いた仲間も同じです、私は電電公社時代の何人かの知り合いをＤＤＩにスカウトしましたが（そのせいで古巣から批判もされました）、その仲間たちだってお金のために転職したわけではありません。むしろ、ＤＤＩへ移ることによって待遇面や労働環境は悪化したくらいです。

つまり、彼らもまたお金以上のものを求めて移籍してきたのです。そして、利己よりも少し利他を優先してＤＤＩで懸命に働いた。その結果、ＤＤＩが株式上場したときに、彼らにも多額のお金が「報酬」となってもたらされたのです。

いずれも、お金はあとからついてきた副産物のようなもので、最初から、その報酬が目当てだったわけではありません。

ものの順序でいえば、利他的な事業に力を尽くした結果、お金という利己が満たされた。つまり、公益に尽くせば、私欲も満たされる。このことが実感として腹に落ち、私の仕事の原則として根づいたのです。

湯船の中で、お湯をこちらへ寄せようとすると、かえって向こうへ逃げていきます。そこで、お湯をいったん向こうへ押しやると、今度は反動でこっちへ返ってきます。お金や儲けも同じで、まず自分よりも他を利することを考える。すると、そのとき生じた利益は他人を潤すだけでなく、めぐりめぐって自分のところへも返ってくる。それは、より大きな利益となって返ってくるのです。

利己と利他は、こんな循環的な関係を結んでいるようです。

だから、人を立てれば自分も立つ――お金についてはそんなふうに考えていれば、間違いがないように思います。

「人を立てれば自分も立つ」を実践した名経営者

人を立てれば自分も立つ、すなわち利己より利他を優先する――この事業経営の重要な勘どころを実践することで新しい事業を成功させた経営者の一人に、いまのヤマト運輸をつくった小倉昌男さんがいます。

小倉さんは松下さん、稲盛さんと並ぶ私の尊敬する経営者で、ＤＤＩを運営するさいにも、その経営思想や手法を大いに参考にさせてもらいました。

いうまでもなく、小口貨物配送サービスである宅配便事業を民間で初めて開始し、利用者第一という高い視座と志をもって経営を行うことで同事業を一大産業に成長させるだけでなく、社会に欠かせないインフラにまで育てあげた名経営者です。

その業績を簡単に振り返ってみれば、小倉さんが父の経営するトラック配送の会社を継いだ頃は、その事業内容はまだＢ to Ｂが中心でした。

すなわち企業の顧客から大口配送を請け負う仕事で、当時のヤマト運輸の最大の顧客はデパートの三越でした。同社の品物の配送業務を一手に引き受けていたのです。

ところが、三越の某ワンマン社長が顧客と下請けという力関係をいいことに、運送費を大幅に値下げしろとか、物品を大量購入せよといった無理難題をふっかけてきて、これに立腹した小倉さんは大顧客の三越に取引停止を通告して、配送の仕事を自らキャンセルしてしまったのです。

並みの気骨でできることではありませんが、このなりゆきを当時のマスコミが両社のシンボルマークにかけて、「(クロ)ネコがライオンに噛《か》みついた」と評したのを私もよく覚えています。

わがままな顧客に尻をまくったのはいいが、それによって大口の仕事を失ってしまった小倉さんがその打開策として始めたのが、宅配便というB to Cサービスだったのです。

いまでこそ全盛時代を迎えている、この個人向けの配送事業も、開始当初は多くの人から「そんな商売は絶対に儲からない」といわれていました。

なぜなら、少品種の荷物を大量に運ぶことで安定した事業運営が可能な企業向けの大口物流サービスに比べて、一般家庭や個人が相手の宅配便は、運ぶ荷物も一つひとつ違うし、配送元も配送先もバラバラ、注文はいつくるかわからないし、運ぶ時間も異なるといった具合で、事業としてはひじょうに非効率で不安定であったからです。

だからこそ、それまで個人向けの配送は非営利事業である郵便局が担っていたわけです。

しかし、小倉さんはその常識をひっくりかえして、宅急便という個人向け配送事業をみごとな手腕で成功軌道に乗せてしまいました。

その最大のポイントは「お客様第一」の経営手法にあります。たとえば、荷物を自宅まで取りにきてくれたり、荷造りの方法も利用者の裁量にまかせるといったサービスがそれです。

いまの人は「そんなこと当たり前じゃないか」というでしょうが、それまで郵便局が独占していた宅配サービスというのは、利用者が荷物を郵便局まで持っていかなくてはいけなかったり、小包の大きさやヒモの縛り方、荷札のつけ方にも制限があったりして、利用者にとっては何かと使い勝手の悪い、いわゆるお役所仕事の典型だったのです。

小倉さんの始めた宅配事業は、そんな旧態依然を完膚なきまでに破壊してしまいました。なにせ休日に地方へゴルフに出かけるときにも、ゴルフバッグは宅急便を使って自宅とゴルフ場を往復させ、自分は身一つで行き帰りすればいいのですから。

こんな便利なサービスは世界でもまれで、それも小倉さんがお客様第一、顧客満足を徹底して追求した成果なのです。

「利を求むるに道あり」という高い視座をもっているか

ちなみに、当時のヤマト運輸が宅急便事業を始めるとき、社内ではサービス向上を優先すべきか、利益確保を優先すべきかで激しい議論があったそうです。

一般に、この二つはサービスを手厚くすれば利益は減り、利益を追求すればサービスは低下するという二律背反の関係にあります。

企業にとってみればどちらも大事で、多くのリーダーはなかなか優劣をつけられず、「まあ、どっちもそれぞれ大切にしていこう」といった感じの中途半端な折衷案でお茶をにごすところでしょう。

しかし、小倉さんは折衷案をとらず、「サービスが第一、利益は第二」という明確な指針を打ち出して、新事業の方向性をクリアにしました。

それによって、どっちにすればいいのかという社員の迷いも解消し、事業の進むべき道、やるべき方法が明確になったのです。

このサービスが先、利益はあとまわしという順番は、つまり利己よりも利他を優先せよということです。「人を立てれば自分も立つ」という事業成功のポイントをみごとに射抜いているのです。

「消費者に支持されない会社は必ずつぶれる」――小倉さん自身の言葉ですが、そんな小倉さんには、かりに最初は損を出したとしても、利用者のためにサービスを追求していけば、やがて利益がついてくるという将来図がかなりの精度で見えていたに違いありません。

また、この新事業をめぐって、既得権益を守ろうとする側からの反発もありました。配送事業に既得権益をもつお役所である当時の郵政省や運輸省が宅配便の規制緩和をなんだかんだと理由をつけて遅延させようとしたのです。

これに対しても、小倉さんは毅然と立ち向かい、裁判まで起こして、最終的に勝利しています。

国を敵にまわしてでも事業を貫徹しようとする気骨、利己よりも利他を優先する高い志。これだけでも賞賛に値しますが、小倉さんは大成功した事業をいさぎよく後継者に託して、その後は、障害者の方が自立して働ける場所づくりに尽力されました。

事業とは違う福祉のかたちで、やはり世のため人のために貢献することを、亡くなるまで貫いたのです。

「利を求むるに道あり」という言葉があります。お金や利益は必要で大事なものだが、それを得る方法は何をしてもいいというのではなく、人の道や世間の道徳に沿った正しいものでなくてはならないという意味です。

昔の商道徳において、いましめのように使われた言葉ですが、小倉さんの頭の中にもきっと、この言葉は現代的な響きをもって生きていたに違いありません。

私も企業経営や利益追求にはそれなりの道というか、ビジョンや「美学」のようなものがないといけないと考えています。

・それは、世のため人のためになることか
・それは、目先の私欲だけにとらわれていないか
・それは、人びとが納得し、協力しうるものか
・それは、人びとが感動するような理念があるか

こうした「視座の高い」志やビジョンがないと事業はうまくいかないし、長続きもしないのです。けっして理想論などではなく、利他の要素を多く含めば含むほど、ビジネスも仕事も成功へ近づいていくのです。

「これはいける」という直感が的中するのはなぜなのか

話は少し精神世界的な色を帯びるかもしれませんが、私は小倉さんが宅急便というすばらしい事業を発想したとき、「これはいける」という直感、あるいは天からのひ

らめきのようなものを感じたのではないかと思っています。

　小倉さんがそういっているわけではありませんが、どうもそんな気がしてならないのです。

　というのは、事業や仕事をしていると、ある事柄に関して事前に、「ああ、これはこうなるだろう」という直感のようなものを覚え、実際に事を進めてみると、そのひらめきどおりの結果が手に入る。つまり、直感やひらめきによって事前に見えた図と現実に起こった図が一致することが、けっしてめずらしくないからです。

　ＤＤＩが携帯電話事業を始めたとき、稲盛さんはその契約料や基本料金、通話料などについて細部まで明確にイメージできていたという話を前にしましたが、そのときの稲盛さんにもきっと、詳細な分析や豊富な経験知とは別のところで、「これはこうなる」というカンのようなものが鋭敏に働いていたに違いありません。

　人間には誰しも、物事の成否などについて直感的に確信できる瞬間があるものなのです。

私にもそういう瞬間が何度かありました。たとえばＤＤＩを始めたときも、私には「この事業はきっとうまくいく」という妙な自信がありました。

もちろん、巨人である電電公社を向こうにまわしての戦いですから、相当な苦労をするに違いないが、失敗に終わることもないだろう。そんな確信が最初からあったのです。

そう思える論理的根拠は何もありませんでした。しかし、きっとうまくいくという直感的な確信は十分にあった。「これはいける」とひらめいた瞬間、そのひらめきのなかにすでに確信が混じっていた。実にそんな感じです。

その根拠なき自信に導かれて、私はその後の事業活動に邁進していったように思います。

直感やひらめきについては、いろいろな意見があります。単なる偶然で虫の知らせのような非論理的なものにすぎないという人もいれば、知識や経験の蓄積のなかから瞬間的にすくいとられる英知の断片のようなものではないかという人もいる。あるいは、それはまさに天からの啓示＝天啓であり、だからこそ直感というのは物事の本質に最短距離、最短時間で到達できるのだという人もいます。

エジソンにいわせれば、天才とは「一％のインスピレーション（ひらめき）と九九％のパースピレーション（発汗、努力）」となります。これも妥当な考えかもしれません。

いずれにせよ、人間の限りある思考範囲のなかでは、その正体はあいまいで、もう一つあきらかにはなりませんが、では、それはどこからやってくるのでしょうか。私たちに直感やひらめきをもたらすものは何なのか。

個人的には、それは人間の「よい心、よい行い」に反応して、天が送ってくれるシグナルのようなものだと考えています。

たとえば、世のため、人のためにという利他の心、社会貢献のために大きな目標を果たそうとする高い志。そうしたよい心や正しい行いのありように「大きな意思」が反応して、私たちに進むべき方向や問題の解決策などをちらりと垣間《かいま》見せてくれる。瞬間的ではあっても明示してくれる。

それが直感であり、ひらめきであるのではないかと思うのです。

つまり、天の意思や意向が「啓示」のかたちをとって人間の頭の中に現れたものですから、その直感やひらめきをもたらす主体は天や宇宙であり、それを媒介するのが私たち人間の心や行為ということになります。

自分のことはあとまわしにして周囲の人をやさしく思いやる。困っている人たちのためによかれと思いながらボランティア活動に励む。利用者にさらなる便利や満足を与えようと一生懸命働く。もっと世の中の役に立ち、もっと多くの人が喜んでくれるように仕事や事業に精を出す……。

こんなよい心、よい行いは天の意思に沿ったものですから、そこに物事の成就や問題解決のためのヒントとなるすぐれた直感、深いひらめきがもたらされる。

それゆえに、それに素直に従ってアクションを起こせば、それは天の加護やサポートを受けて、途中に困難や失敗はあっても最後には必ずうまくいくのです。

直感やひらめきを媒介にして、天の意思に沿ったものはうまくいくし、沿わないものはうまくいかない。こういう単純な成功と失敗の公式が成り立つわけですが、それは単純なだけに、成功の摂理としてはきわめて力強いものとなるのです。

自力の及ばない大きな意思に生かされている

ここでいう天の意思は宇宙の流れといいかえてもいいでしょう。

その宇宙にはすべてのものを成長させていこう、すべてのものをよくしていこうとする、大いなる「善」の意思が存在しています。

万物を進化発展させていこうとする意思、といってわかりにくければ、人間を含む森羅万象をよき方向へ導こうとする力やエネルギーが宇宙には満ち、大河のようにとうとうと流れている。

だから、その偉大な力やエネルギーの潮流にうまく乗ることができれば盛運を得て物事は成功に近づくし、乗ることができなければ衰運をつかんで成功からは遠ざかってしまう——こうした宇宙論は実は稲盛さんの受け売りなのですが、ここからわかることが一つあります。

私たちはふだん、自分の行動はすべて自分の意思で選んでいると当たり前のように思っていますが、はたして、そうなのでしょうか。

海で泳ぐときに、私たちは自分の力で自分の体を前へと進めていきますが、その自力がまったく及ばない大きな潮の流れに体を運ばれてしまうこともあります。

同じようなことが、私たちの人生でも起こっているとは考えられないでしょうか。

すなわち自分の思いや考え、意思や力などの及ばない、もっと大きな意思や力、流れやエネルギーに乗って、あるいはうながされて、私たちは自分でも知らないうちに、さまざまな判断や意思決定を下し、さまざまな行動をとっているのかもしれないのです。

すべて自分の意思で選択していると思いながら、その決定には天の意思が作用しているのかもしれない。人間に完全な自由意思というものは存在せず、どんな判断や選択や行動にも、天の意思や宇宙の流れというものが影響を与えているのかもしれません。

もしそうであれば、私たちは自分の人生のすべてを自力では構築していないことになります。自分の絵筆で自分の人生をキャンバスに描いているつもりでも、その姿自体からして、天や神の絵筆で描かれていることになる。

すなわち、人生そのものが大いなる意思によって築かれており、私たちは生きているのではなくて、生かされている。だから、人の目には偶然のように見えるものも、実は、天の意思が仕組んだ必然である――。

私は自分の八十年の人生を振り返ってみて、どうも、そうとしか思えないような気がするのです。

たとえば、人との出会いがそうです。私が人生の節目で会い、私の人生を大きく変えてくれた人たちとの出会いも、たまたま偶然の縁によってもたらされたように見えながら、天の意思や配剤のもとで、出会うべくして出会っていたように思えてなりません。

真藤恒さんと飛行機の中で話を交わしたのも、真藤さんが大阪での講演から帰る日と私の東京出張の日がちょうど重なることがなかったら、私は真藤さんの横の席に座るチャンスに恵まれず、永久に会話の機会もめぐってこなかったでしょう。

会えたのは偶然のなせるわざのように見えますが、私のＤＤＩ創業への強い思いを知って、天がそういうふうに差配してくれたのかもしれない。

稲盛さんとの出会いも同様です。私が京都での講演に面倒くさがって出かけていなければ、また他の人の講演にめったに行くことのない稲盛さんがその講演を聴きにくることがなかったら、その後、何度も会ってＤＤＩ創業のアイデアをもちかけることもなかったでしょう。

これも、世のため、人のためになる事業をともに起こしてくれる人物を懸命に探していたことに、天が反応してくれた結果かもしれないのです。

大学教授時代にエリック・ガンが私をトイレで待ち受けていなかったら、私はＡＤＳＬ事業に参入することもなかったでしょうし、「環境」に焦点をあてた自然エネルギーの開発と普及に強い志をもった木南陽介（レノバ社長）という人物と出会って、彼が私に話をもちかけてこなかったら、私はレノバに経営参画することもなかったはずです。

そんなふうに、私の事業はすべて、こうした人との「偶然の縁」をきっかけに立ち上げたものであり、私の人生そのものが人との出会いに導かれて構築されていったようなものなのです。

むろん、その人との出会いは自分の力によるものではなく、天の意思や差配によって会わされたというか会わせてもらった。自力の及ばないところで会うように仕組まれていた。

自分の意思で選び、自分の力で人生を築いてきたように思っていたものも、振り返ってみれば、すべてそうなるようすでに台本ができていた、運命づけられていた。

私にはどうも、そんなふうにしか思えないのです。

ただ、人間に自由意思はゼロで、天の意思が一〇〇%かといえばそうではなく、前にも述べたように、その比率は、自分の意思が三割、天の意思（運命）が七割くらいと考えるのが妥当かと思われます。

よくも悪くも、七割は天の意思や宇宙の大きな流れのなかにあるが、残りの三割は個人の自由意思にまかされているのです。

だからこそ、その七割の大きな意思や力を味方にできるよう、日頃からよい心で、よい行いをすることに努めるべきなのです。

「七割を運に支配されているのでは、どうにもならない」と捨て鉢になるのではなく、「三割も思うようにさせてもらった」ことを謙虚な気持ちの種にして、地道で誠実な言動を心がけるべきだと思うのです。

人間は「神の手足」であることを教えてくれた神父

人との出会いといえば遠い昔、まだ十代であった私に、精神的な深い影響を与えてくれた人物にトニー・グリンというオーストラリア人の若き神父がいます。一九六〇年代のことです。

当時はまだ、オーストラリアの対日感情は最悪に近いものがありました。太平洋戦争で敵国同士として戦っただけでなく、戦争中に旧日本軍がビルマ（現・ミャンマー）とタイの間に敷設した泰緬《たいめん》鉄道の建設工事に、捕虜となっていた連合軍兵士がかりだされ、過酷な労働のために多くの人が命を落とすという痛ましい出来事があったからです。

そのなかにオーストラリアの捕虜兵も多数混じっていたことから、戦後の同国では激しい反日運動が起きていたのです。

グリン神父はそうした状況を改善し、日豪間の和解の橋渡しをするために戦後間もない頃に来日。私の育った奈良県で戦争未亡人や混血児の救済、軍刀返還運動などさまざまな活動に尽力するとともに、キリスト教の布教活動も続けていたのです。

そんな神父に出会ったのは、私が高校生の頃のことでした。私はすぐに日曜日ごとに神父のいる教会に通うようになり、教義の指導を受けたり、聖書の勉強をしたり、英語を教えてもらったりして、親しく交流するようになりました。

やがて自分自身がカトリックの洗礼を受けることになるのも、このグリン神父からの深い精神的感化があったからにほかなりません。

神父はとてもエネルギッシュな半面、いつもにこやかで、冗談好きな明るい人であり、私のことをひじょうにかわいがってくれました。

私のことを本名の「センモト」ではなく、親しみをこめて「センボン」と呼んでくれたのも、なつかしい思い出です。

しかし、あるとき平日で誰もいない教会に立ち寄ると、グリン神父がただ一人、暗い聖堂でじっと祈りを捧《ささ》げている場面に出くわしました。

その後ろ姿には壮絶な孤独感のようなものが、色濃くただよっていました。カトリックの神父には妻帯が許されていません。かつての敵国であった異国の地でたった一人、ただ神だけにすがって生きる——その信仰生活の苦しみや悩み、内面のさまざまな葛藤が、神父のいつもより小さく見える背中に凝縮されているようでした。

神に自分のすべてを捧げて生きるというのは、なんと過酷で苛烈なものだろう——私はその生きざまのすごさに圧倒され、その背中に声をかけることもできませんでした。

いまでも、そのときの神父の深い祈りの後ろ姿が、鮮烈な印象とともによみがえってきます。

やがてグリン神父はガンにかかって、異国の日本で命を閉じることになりますが、そのときも明るい口調で、「センボン、私はガンになっちゃったよ」とまるで人ごとのように病気を私に告げたのです。

心配した私が、「一度、お国へ帰ったらどうですか」と勧めても首を横に振って、「センボン、日本は私が自分の身を捧げると決めた国です。そこで病気になったのも神様の思《おぼ》し召しでしょう。私はここに骨を埋めます」

そうきっぱりと宣言して、母国に戻ることなく日本の土へと還《かえ》っていきました。この死にざまにも、私は深い信仰のもたらす精神の強靭さを強く感じたものです。

そんな神父が、私が電電公社を辞めてＤＤＩをつくるときに、私に贈ってくれた一つの重要な言葉があります。それは「センボン、おまえは神の手だ」というものです。私自身が神の手であるという意味ではなく、人間は神の手足として使われている身であるということです。

ちょうど浄瑠璃の人形のように、神という大きな存在に操られ、動かされている。それが人間であり、私たちはそれぞれ固有の役割を担って、あたかも一つの道具のように神に使われている。

人間がこの世に生きるのは、神の意のもとで、その役割を果たすためなのだから、そのことをよく自覚して、センボンも謙虚な態度を忘れず、新しい仕事に一生懸命力を尽くせ――神父はそういいたかったのに違いありません。

つまり、先にもいったように、私たちは自力で生きているのではなく、天や神の意に従って生かされているのです。だから私たちの生も、そして死も、実は主体は神で、人間を含むすべての生命は神の従者にすぎません。

もちろん、私たち一人ひとりはそれぞれ「その人でしかありえない」、地の塩にも似た代替のきかない固有で重要な存在ですが、同時に、その存在は大いなる意思＝神の思し召しによって許されているものなのです。

たとえば呼吸一つとっても、私たちは自由意思のもとでは完全な管理ができません。ずっと息を止めていることもできないし、息を吐き続けていることもできない。その一方で私たちは、「息をしよう」と意図しなくても、自然に呼吸を継続しています。

つまり、自然に生かされている。その自然がすなわち神なのではないでしょうか。

神の意思によって役割を与えられ、その役割を果たすために生かされているということは、役割が終わったら、私たちは神のもとへ再び帰っていくということです。

人によって多少の長い短いはあっても、この世での生はそれまでの仮住まい。こんなことを実感しながら、グリン神父も安らかな気持ちで天国へ昇っていったに違いありません。

私たちの思いや行いは一粒の麦となって残る

私たちの現世での生はごく限られたものであり、宇宙的スケールから見たら、ほんの一瞬の出来事にすぎません。

私くらいの年齢になると、その生の短さが実感として胸に迫ってきます。最近も、私は恩人の稲盛さんの訃報に接するだけでなく、古くからの親友の死にも遭遇しました。

前日まで元気に電話で話を交わしていたのに、翌朝、奥さんが寝室に起こしにいったら、親友はすでに冷たくなっていました。

こんなことがあると、いやでも死というものについて考えざるを得ません。それも一般論における死ではなく、自分にいずれ訪れてくる固有の死についてです。

生とは何か、死とは何か。私たちはどこからきて、どこへ去っていくのか。私も、そんな答えを見つけにくい哲学的な問いを自分に問うことが増えてきました。

以前の私は死というものを、生によって継続してきたすべてのものが突然寸断され、消滅してしまう怖いもの、忌むべきものだととらえていました。

しかし、いまは死は一つの完結だと考えるようになっています。この世でやるべきことをやって、次の新しい世界へ行く。死はその結節点だと思うようになったのです。

それはあくまで「一つの完結」であって、新しい世界で、どうやらその続きがあるようだ。知り合いもずいぶん、あっちへ引っ越していったから、彼らも私がくるのを待っているかもしれない。私が彼らの安らぎを願うよりもたくさん、彼らのほうが私の死ぬまでの生がおだやかであることを祈ってくれているに違いない。そんなふうにも思っています。

カトリックでは、死は無に還ることではなく「新生」だと考えます。人間が新しく生まれ変わる瞬間、それが死であるということです。こういう考えもまた、私のなかの死への見方を根本的に変えてくれました。

いずれにせよ、誰の人生にも限りがあります。現世でどんな快楽や栄耀《えいよう》栄華を味わおうとも、どんな苦痛や悲哀を味わおうとも、多くの善を為そうが多くの悪を為そうが、大金持ちになろうが貧しいままであろうが、やがて行きつく先は同じです。

この世での喜怒哀楽はさまざまであっても、誰もがその生命にいったん終止符を打たなくてはならないのです。

しかし天はまた、その死にもある重要な役割を与えています。私たちの体のなかには古い細胞が死んで、新しい細胞が次々に生まれてくる新陳代謝のしくみがありますが、このメカニズムは生命それ自体についても同じように適用されます。

つまり、すべての命には死を通じて、次の若い命に席を譲っていく世代交代の役目が、あらかじめ義務（運命）づけられているのです。

このことを詩的にもっとも美しい言葉で表現したのが、私は聖書の「一粒の麦」のくだりだと思っています。

「一粒の麦、地に落ちて死なずば、ただ一つにてあらん。もし死なば、多くの実を結ぶべし」

一粒の麦が生きたまま実を結べば、それは一粒のままだが、死んで地に落ちれば、その死が犠牲となって、たくさんの実を結ぶだろう。

つまり、生命の死には、それを通じて次の時代に新しい命を継続していく役割が課せられているのです。

このとき死は「利他的な行為」となり、そこに私たち生きものの最後の重要な仕事があります。次世代の成長と発展のための「種」をまくことです。そういうふうに天は、宇宙は私たちをつくっているのです。

けっきょく人は、生きてきたようにしか死ねません。それまでの生き方が死に方も決めるのです。

おだやかな生き方をしてきた人はおだやかな死を迎え、激しい生き方をしてきた人は激しい死を迎える――そんな生と死の直接的な因果関係も十分考えられることです。

生き方がそのまま死に方であるとするなら、では、私たちは具体的にどんな生き方をすれば、死後によい「遺産」を残せるのでしょうか。きれいな魂をもって来世へと移っていけるのでしょうか。

一つは、与えられた生を一生懸命、できればグリン神父のように明るく、前向きに、感謝の思いをもってイキイキ、ワクワクと生きていくことです。

息をしたり、おいしい食事を摂ったり、仕事に打ち込んだり、人と話をしたり、趣味や娯楽を楽しんだり、友人や家族と交流したりする。そういうことのすべてが天の計らいだとしたら、いま生きている、そのこと自体がまさに「千に一つ」のありがたい奇跡なのです。

そのことへの感謝の思いをもって、今日という日を充実して生き、その一日一日を積み重ねて人生ができあがる。そんな足もとをしっかりと確かめながら、一歩一歩堅実に歩を進める生き方に努めることが大切です。

もう一つは、何度か述べてきたように、世のため人のために生きること。自分の利益や欲得をできるだけ抑えて、そのぶん社会や人のために役立とうとする利他の生き方を心がけることです。
私たちの人生はそれが限りあるからこそ、何にもまして貴重で尊いものです。そのかけがえのない生の過程の瞬間、瞬間を、私たちは天の意思や宇宙の流れに沿うようなよい心、よい行いによって埋めていくべきなのです。

そういう生き方に努めていれば、私たちの心や魂も少しずつでありながらきれいに磨かれ、その死もいわば生の完成形として静かに訪れてくるでしょう。それまで生きてきた私たちのさまざまな思いや行いもまた、一粒の麦として次世代へしっかりと引き継がれていくに違いありません。

あとがき

齢《よわい》八十となり、これまでの人生を振り返ったとき、こんなに長い間、会社の立ち上げと経営に関わることになるとは、想像だにしていませんでした。

私が生きてきたこの八十年は、歴史的に見ても大きな変革の時代でした。そんな時代に生き合わせたのはまさに天のおかげであり、社会の変革の一端に深く関わることができたのもまた天の導きであったと、この歳《とし》になると深く感じ入ります。

もちろん、それだけではなく、本書のなかでも述べたとおり、いくつもの大きな事業を立ち上げることができたのは、「人との出会い」があってこそでした。

こうした機会を天が授けてくださったのは、「この世界が直面している問題を少しでも解決し、わずかでも世の中をよくして、次の世代に恩を送っていく」ためだと折に触れて感じています。

愛《いと》しい地球のために私は何が差し出せるだろうか、とつねに問い続けながら、私が人生を歩むなかで拾い上げたわずかな学びや知恵でも、次の世代に伝え、後世に残しておくために、この本は世に出たのではないかと思っています。

まずはじめに、去年八月に鬼籍に入られた稲盛和夫さん。私の人生でこれほど厳しい叱り方をされる人はいませんでした。いまになって、その裏に深い愛情と思いやりがあったことを実感します。

稲盛さんとの邂逅《かいこう》がなければ、人間としてどう生きるのか、また会社がどうあるべきか、その奥義を一生知ることはなかったと確信します。天国におられる稲盛さんに、心より賛美と感謝を捧げます。

本書の編集を担当され、細部にわたって丁寧に対応してくださったサンマーク出版チーフプロデューサーの斎藤竜哉さん、本当にありがとうございました。

サンマーク出版社長の植木宣隆さん。私が上場企業の現役の会長であったために予想外の時間がかかったのにもかかわらず、忍耐強くお待ちくださいました。

丁寧に本書の構成をしていただいた、ライターの大隅光彦さん。その地道な努力のおかげで、本書は陽《ひ》の目をみることができました。ありがとうございました。

レノバの木南陽介社長。再生可能エネルギー事業や海外事業、新規事業の経営に飛び回っている木南社長の理解なしには、ここまで来ることはできませんでした。

そして、レノバの社員のみなさん。環境と地球温暖化防止というミッションに生きているみなさんの姿に、この上ない感動をいただいています。

超多忙なスケジュールにもかかわらず、すべてのページに目を通していただき、励ましてくださった作家の本田健さん。いつも期待以上の深い配慮をいただき、そのおかげでこの本ができました。心よりの感謝を捧《ささ》げます。

四人の子供である雪、信行、真生、小枝。幼いときは起業にばかり集中していて、そばにいる時間がなかったが、よく育ってくれてありがとう。父親らしいことはほとんどできませんでしたが、「世のために、人のために」という言葉を大切にして生きてください。

最後に、五十年にわたって起業家・経営者として嵐の中を歩んできた私のそばにいて、深い信仰と愛情をもって四人の子供をほとんど一人で育て、静かに、かつ驚くほどの忍耐心をもって、リスクに向かう私を支えてくれた家内・千本祥子に深い感謝の念を送ります。

そして、最後までこの本を読んでくださった読者のみなさまに感謝をして筆をおきます。

二〇二三年初春　東京の自宅にて

千本倖生

千本倖生（せんもと・さちお）

1942年奈良県生まれ。京都大学工学部電子工学科卒業。日本電信電話公社（現・NTT）に入社後、フロリダ大学にて修士・博士（Ph.D）の学位を取得。84年に第二電電株式会社（現・KDDI）を稲盛和夫氏らと共同創業し、専務取締役、取締役副社長を歴任する。96年に慶應義塾大学大学院教授に就任、その後カリフォルニア大学バークレー校、カーネギーメロン大学の客員教授などを務める。99年イー・アクセス株式会社を創業、代表取締役社長、代表取締役会長などを歴任。2005年イー・モバイル株式会社（現・ワイモバイル）を設立し、代表取締役会長兼CEOを務める。14年に株式会社レノバ社外取締役に就任、代表取締役会長を経て、20年より取締役会長。

千に一つの奇跡をつかめ！

2023年2月10日　初版印刷
2023年2月20日　初版発行

著者　千本倖生
発行人　植木宣隆
発行所　株式会社サンマーク出版
〒169-0075 東京都新宿区高田馬場2-16-11
電話　03-5272-3166
印刷　共同印刷株式会社
製本　株式会社若林製本工場

ISBN978-4-7631-4019-7 C0030
ホームページ https://www.sunmark.co.jp

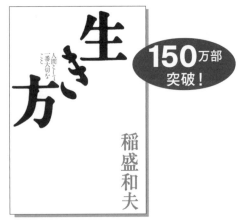